NEW 레전드
하루 3분
말하기 영문법

랭귀지북스

NEW 레전드
하루 3분 말하기 영문법

개정2판 1쇄 **발행** 2024년 9월 10일
개정2판 1쇄 **인쇄** 2024년 9월 1일

저자	Sunny Lee
강의	Sunny Lee
감수	Sonhee Cho
기획	김은경
편집	더 콜링 · 이지영
디자인	IndigoBlue
성우	Bradly Curtin · Audrey Christine Rivers · 오은수
영상	BRIDGE CODE

발행인	조경아		
총괄	강신갑		
발행처	랭귀지북스		
등록번호	101-90-85278	**등록일자**	2008년 7월 10일
주소	서울시 마포구 포은로2나길 31 벨라비스타 208호		
전화	02.406.0047	**팩스**	02.406.0042
이메일	languagebooks@hanmail.net		
MP3 다운로드	blog.naver.com/languagebook		

ISBN 979-11-5635-235-8 (13740)
값 19,000원
ⓒSunny Lee, 2024

1. 체계적인 **훈련**

새해 목표를 '영어 정복하기'라고 세운 지 몇 년째. 하지만 영어 때문에 여전히 스트레스인가요?
무조건 많이 외우고 공부한다고 되지 않죠. 영어를 잘하려면 체계적인 훈련이 필요한데,
어떻게 할 수 있는지 이 책에 정리해 보았습니다.

2. 언어의 기본은 **단어와 어순**

단어를 아무리 많이 알고 있어도 정확하게 배열하여 의미를 전달하지 못한다면 의사소통이라는
언어 기능을 잃게 됩니다. 영어는 기본 어순이 우리말과 다르기 때문에 우선 영어 어순에
익숙해져야 합니다. 어순의 기초를 탄탄히 하고 풍부한 어휘력이 바탕이 될 때, 영어를 적절하게
구사할 수 있습니다. 지금 여러분이 영어에 대해 단순한 지식적 수준에 머물러 있다면,
이 책을 통해 감각적으로 표현할 수 있는 수준으로 끌어올릴 수 있습니다.

3. 기초 문법, 핵심 단어, 말하기 훈련을 통한 **효율적인 학습법**

그 수준에 이르기 위해 과연 얼마나 시간을 들여 훈련해야 할까요? 기본적으로 꾸준한 학습과
노력이 필요하며, 어떤 교재와 강의를 선택하느냐에 따라 충분히 도움을 받을 수 있을 것입니다.
그리고 어떠한 효율적인 학습법으로 진행하느냐가 관건입니다.
이 책에서는 어순의 기초를 위한 문법, 어휘의 바탕을 다지는 1,500개의 핵심 단어를 통해
영어 문장에 대한 감각을 키우고, 이렇게 만든 탄탄한 기초를 바탕으로 말하기 훈련에서
다양한 문장을 만들면서 실력을 다질 수 있도록 안내합니다.

4. 꾸준한 훈련을 통한 **영어 말하기 완성**

영어는 단번에 통과할 수 있는 자격시험이 아닙니다. 수영이나 골프처럼 기본 원칙을 배우고
꾸준한 훈련을 통해서만 완성될 수 있습니다. 이 책으로 꾸준히 학습하여 여러분이 원하는
목표를 이루기 기원합니다.

그럼 지금부터 〈**레전드 하루 3분 말하기 영문법**〉을 시작해 볼까요!

저자 **Sunny Lee** (이혜선)

1. 의사소통에 필요한 **핵심 단어 1,500** 익히기

단어 공부 없이 외국어를 시작할 수 없습니다. 그렇다면 얼마나 많은 단어를 외워야 할까요? 꼭 필요한 단어만 골라 좀 더 효과적으로 익힐 수 없을까요? 이 책에서 제시하는 1,500개의 단어는 실생활 회화는 물론 비즈니스 회화도 가능한 어휘 중 많이 노출되는 빈도순으로 선별한 것입니다. 녹음과 함께 반복 학습하여 의미는 물론 발음까지 마스터하세요.

2. 영어 문장을 만들 수 있는 **핵심 문법 5**

단순하게 문장이나 패턴만 외워서는 내가 원하는 문장을 영어로 표현하기 어렵습니다. 영어를 잘하려면 우선 영어 문장을 구성하는 문법을 짚고 넘어가야 하는데, 이 책에서는 꼭 필요한 핵심 문법을 다섯 가지로 정리하여 양적인 부담을 줄이고 집중력을 높여 효과적으로 익힐 수 있습니다.

3. 영어는 공부가 아니고 **훈련** : 기본 문장이 입에서 저절로 나오도록 훈련하기

단어와 문법은 부족함이 없는 것 같은데 입이 열리지 않는 이유는 무엇일까요? 수영 이론에 아무리 해박해도 실제 물속에서 팔과 다리를 많이 저어 보아야 수영을 할 수 있겠죠. Part I에서 익힌 문법과 말하기 훈련, Part II에서 외운 단어를 바탕으로 문장을 만드는 연습이 필요합니다. 체계적이고 반복적인 훈련을 통해 영어를 자연스럽게 구사할 수 있도록 합니다.

4. 독학, 그룹 스터디, 수업 교재로 **다양하게 활용** 가능

본 교재는 그룹 스터디나 수업에서 다른 부교재 없이 단어, 문법, 말하기 훈련을 나눠서 학습할 수 있도록 구성되어 있습니다. 학습자가 혼자서도 공부할 수 있는 설명이 제시되어 있으며, 원어민이 녹음한 MP3를 통해 발음 교정 및 듣기 실력도 기를 수 있습니다.

5. 왕초보부터 중급 학습자까지 아우르는 **종합 말하기 훈련 교재**

본 교재는 영어를 처음 시작하는 왕초보 학습자는 기초 단어 500개와 기본 문법 세 가지만 익혀도 충분히 의사소통을 할 수 있습니다. 그리고 초·중급 학습자가 필수 단어 1,000개와 확장 문법 두 가지까지 심화 학습한다면 수준 있는 영어 구사 능력을 기를 수 있을 것입니다.

> 이 책의 **학습 전략**

어떻게 학습하느냐에 따라 좀 더 효율적으로 공부할 수 있습니다.
혼자 공부하는지 여러 사람과 함께 공부하는지 강의를 들으며 공부하는지에 따라
각각의 학습 전략법을 정리했습니다. 자신에게 알맞은 학습 전략을 찾아 공부해 보세요.

1. **독학** – 혼자 학습하고 훈련!

① 자신의 수준에 맞는 전체적인 학습 계획표를 작성합니다.
② 학습 계획표가 작성되었다면, 그날에 학습할 내용과 진도를 확인합니다.
③ 학습은 [**문법＋단어**] → [**말하기 훈련**] 순서로 진행합니다.
④ **동영상 강의**와 자료, **MP3**를 활용하여 학습합니다.

2. **그룹 스터디** – 여럿이 함께 학습하고 훈련!

① 수준이 비슷한 구성원끼리 모여 그룹을 만들고 학습 일정을 짭니다.
　 최대한 자주 모여 규칙적인 학습이 진행될 수 있도록 합니다.
② 학습 시작 전 그날의 분량을 확인하고 예습합니다.
③ 구성원들과 서로 학습하기로 한 진도를 확인하고 독려합니다.
④ 학습한 내용을 바탕으로 일상적인 주제에 대해 문장을 만들어 보고 서로 발표해 봅니다.

3. **예습&복습** – 매일 꾸준히 학습하고 훈련!

① 매일의 분량을 확인하고 예습합니다.
　 이때, 이해하기 어려운 부분은 체크해 놓습니다.
② 진도에 맞춰 [**문법**] 지식을 익히고 [**말하기 훈련**]을 합니다.
③ 챕터가 끝날 때마다 **확인하기**를 통해 복습하면서 자신이 잘 못하는 부분을 반복 연습합니다.
④ [**말하기 훈련**]과 [**단어**] 내용을 반복하면서 영어 문장이 익숙해지도록
　 동영상 자료와 **MP3**를 틈틈이 활용합니다.

> 이 책의 **활용법**

문법
꼭 필요한 다섯 가지 **문법**을 익히고 기초를 다집니다.

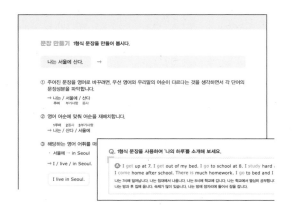

● 문형 익히기
문법의 기본 개념을 간단한 설명과 예문을 통해 익힙니다.

Sunny Talk
주의해야 할 부분, 참고 표현 등을 짚어 줍니다.

● 문장 만들기
배운 문법 사항을 바탕으로, 주어진 문장을 영어로 어떻게 바꾸는지 차근차근 설명해 놓았습니다.

Q.
짧은 단락을 통해 배운 문법 사항을 확인합니다.

● 기초 훈련
배운 문법에 대한 문장을 연습하여 감각을 익힙니다.

● 익히기
주어진 단어로 문장을 만들어 봅니다.
문제마다 문법 힌트가 있습니다.

● 문법 PLUS +
추가 문법이나 보충 사항을 간단하게 정리했습니다.

말하기 훈련

기본 문법과 핵심 단어를 접목하여 **문장**을 만듭니다.

● **확장 훈련**

문법 힌트를 참고하여
문장을 만들어 봅니다.

● **집중 훈련**

문법 힌트 없이 문장을
만들어 봅니다.

확인하기

배운 내용을 복습합니다.

● **확인하기**

힌트 단어를 이용하여 문제를 풀면서
배운 사항을 확인합니다.

단어

의사소통에 필요한 핵심 **단어**를 익힙니다.

● **기초 단어 & 필수 단어 & 불규칙 동사**

500개의 기초 단어, 1,000개의 필수 단어,
87개의 불규칙 동사를 익힙니다.

동영상 강의
저자 직강

MP3
무료 제공

blog.naver.com/languagebook

● **저자 직강 동영상 강의 & MP3**

[문법]의 Unit마다 QR코드를 스캔하여
영상 강의를 쉽게 찾아볼 수 있습니다.
[확장·집중 훈련]은 동영상 자료와 MP3 파일을
제공합니다. [Part Ⅱ. 단어]도 원어민의 정확한
발음으로 녹음한 MP3 파일이 **영어 버전**과
한글+영어 K버전 두 가지로 있으니, 자주 듣고
따라 하여 학습 효과를 높여 보세요.

> **차례**

문장을 구성하는 기본 요소는 9품사로 나눌 수 있습니다.
각 품사별 특징을 파악하면 영어가 좀 더 만만해질 것입니다.

NO.	품사	예문
1	명사	Jane is a very smart student. Jane은 매우 영리한 학생이다.
2	대명사	She is a very smart student. 그녀는 매우 영리한 학생이다.
3	관사	She is a very smart student. 그녀는 (한 명의) 매우 영리한 학생이다.
4	동사	She is a very smart student, and she studies very hard. 그녀는 매우 영리한 학생이다. 그리고 그녀는 매우 열심히 공부한다.
5	형용사	She is a very smart student, and she studies very hard. 그녀는 매우 영리한 학생이다. 그리고 그녀는 매우 열심히 공부한다.
6	부사	She is a very smart student, and she studies hard every day. 그녀는 매우 영리한 학생이다. 그리고 그녀는 매일 열심히 공부한다.
7	접속사	She is a very smart student, and she studies very hard. 그녀는 매우 영리한 학생이다. 그리고 그녀는 매우 열심히 공부한다.
8	전치사	They study very hard at home every day. 그들은 매일 집에서 매우 열심히 공부한다.
9	감탄사	Wow! She is so pretty! 와우! 그녀는 너무 예쁘다!

1. **명사** noun: 사람이나 사물의 이름을 나타내는 말입니다.

종류

① 셀 수 있는 명사

    A. **보통명사:** 일반적인 사물이나 생물의 이름을 나타냄

       • **단수형:** 명사 앞에 관사 a(n)/the

        예 an/the apple, a/the book, a/the student, an/the animal

       • **복수형:** 보통 단수형 뒤에 –(e)s를 붙이는데, 불규칙인 경우도 있음

        예 apples, books, students …

> **Sunny Talk**
> 불규칙 복수형 명사
> feet(foot의 복수형), teeth(tooth의 복수형),
> mice(mouse의 복수형), men(man의 복수형),
> women(woman의 복수형) …

    B. **집합명사:** 사물과 사람의 집합을 나타냄

        예 family, people, audience …

② 셀 수 없는 명사

    A. **고유명사:** 사람이나 지역 이름 등 하나밖에 없는 특정한 이름을 나타냄

        예 Jane, Korea, Seoul …

    B. **물질명사:** 형태가 없어 셀 수 없는 물질을 나타냄

        예 water, money, milk …

    C. **추상명사:** 눈에 보이지 않는 성질이나 상태를 나타냄

        예 life, happiness, hope …

For Examples

• <u>Jane</u> is a very smart <u>student</u>.
  고유명사   보통명사(단수형)

• I eat <u>apples</u> every day.
        apple의 복수형

• I love my <u>children</u>.
             child의 복수형(불규칙)

• <u>Jane</u> has <u>hope</u>.
  고유명사   추상명사

• My <u>family</u> needs <u>water</u>.
      집합명사   물질명사

2. **대명사** pronoun: 명사를 대신해서 쓰는 말입니다.

종류

① **인칭대명사:** 사람을 지칭 [예] I, you, he, she, they, we

- Jane is a student. She is smart.
  인칭대명사(주격)

- Happy is my puppy. It is mine.
  인칭대명사(소유격)　　　　　소유대명사

- My parents love me.
  인칭대명사(목적격)

② **지시대명사:** 사물을 지칭 [예] this, that, it

- I have a car: It is very fast.
  지시대명사

③ **비인칭대명사:** 시간이나 거리, 날씨 등을 지칭 [예] it

- It is sunny today.
  비인칭대명사

특징

대명사는 주격, 소유격, 목적격, 그리고 소유대명사가 있으며 상황에 따라 알맞게 사용해야 합니다.

주격(은/는)	소유격(의)	목적격(을/를)	소유대명사(~의 것)
I	my	me	mine
you	your	you	yours
he	his	him	his
she	her	her	hers
they	their	them	theirs
we	our	us	ours
it	its	it	×

3. **관사** article: 우리말에 없는 품사인데, 명사 앞에 붙어 명사의 수나 성격을 나타냅니다.

종류

① **부정관사** a, an:
셀 수 있는 명사 중, 일반적이고 막연한 명사를 언급할 때는 명사 앞에 붙임

예 a sandwich, an orange

② **정관사** the:
앞에서 이미 언급된 특정한 명사를 반복할 때 셀 수 있거나 없거나 상관없이 명사 앞에 붙임

For Examples

- I want a sandwich, and you want an orange.
  부정관사   부정관사
- I have a dog, and the dog is very cute.
  부정관사   정관사

4. **동사** verb: 움직임, 상황, 상태를 나타내는 서술어입니다.

종류

① **be동사**: 명사나 형용사가 서술어 역할을 할 수 있도록 하는 동사   예 am, is, are
② **일반동사**: be동사를 제외한 동사
③ **조동사**: 동사 앞에서 동사의 뜻을 보충하는 동사

능력	허가	의무	충고	과거의 습관 (규칙적)	과거의 습관 (불규칙적)
can	can / may	must / have to	should / had better	would	used to

For Examples

- I have a happy family, and I am happy.
  일반동사   be동사
- I can speak English well.
  조동사   일반동사

5. **형용사** adjective: 명사의 상태를 수식하는 말입니다.

종류

① 상태를 나타냄

    예 good, bad, big, small, new, old, beautiful …

② 색을 나타냄

    예 white, black, red, blue, pink …

③ 수량과 순서를 나타냄

    예 one, two, three, first, second …

Sunny Talk

명사를 수식하는 수량 형용사는 다음과 같이 구분할 수 있습니다.

	셀 수 있는 명사 수식	셀 수 없는 명사 수식	둘 다 수식
많은	many	much	a lot of / lots of
모든	-	-	all
조금	a few	a little	-
거의 없는	few	little	-
약간의, 몇몇의	-	-	some / any

* 보통 some은 긍정문에, any는 부정문이나 의문문에서 사용됩니다.

④ 날씨를 나타냄

    예 hot, cold, warm, cool, rainy, snowy, windy …

특징

① 명사 앞에서 명사를 수식

- Jane is a <u>smart</u> student.
  명사 수식

② be동사와 함께 쓰여 서술어 역할을 함

- The flower is <u>beautiful</u>.
  be동사와 함께 쓰여 서술어 역할

6. **부사** adverb: 동사, 형용사, 부사, 문장 전체를 수식하는 말입니다.

종류

① 시간부사

예 now, tomorrow, late …

② 장소부사

예 here, there, close …

③ 정도부사

예 very, much …

④ 빈도부사

예 always, usually, often, sometimes, rarely, never …

Sunny Talk

부사는 보통 수식하는 동사, 형용사, 부사 앞에 위치하지만,
강조하기 위해 문장 맨 앞이나 뒤에 위치하기도 합니다.
하지만 빈도부사는 반드시 be동사 뒤, 일반동사 앞에 위치합니다.

특징

① 동사 수식

- I <u>always</u> study English.
  빈도부사

② 형용사 수식

- The bag is <u>really</u> good.
  형용사 수식

③ 부사 수식

- My mother loves me <u>very</u> much.
  부사 수식

④ 문장 전체 수식

- <u>Fortunately</u> I was not late at school.
  문장 전체 수식

7. **접속사** conjunction: 단어와 단어 또는 문장과 문장을 연결하는 말입니다.

특징

① 단어와 단어를 연결

예 and …

- I like bananas <u>and</u> apples.

단어를 연결

Sunny Talk

단어를 두 개 이상 연결할 때는 쉼표(,)로 연결하다가 마지막 단어 앞에 쉼표와 함께 and를 써서 연결합니다.
예 I like bananas, apples, <u>and</u> pears.

② 동등한 두 문장을 연결

예 and, but, or, so …

- Jane is a student, <u>and</u> she goes to school.

동등한 두 문장을 연결

③ 주문장과 부문장을 연결

예 when, if, because, although, before, after …

- I am happy <u>because</u> I live with my family.

주문장과 부문장을 연결

8. 전치사 preposition: 명사 앞에 붙여 위치나 상태를 나타내는 말입니다.

종류

① 시간을 나타냄

예 at, on, in, by, until …

② 장소를 나타냄

예 at, on, in, between …

③ 방향, 방법, 원인 등을 나타냄

예 with, about, through …

For Examples

- I usually get up <u>at</u> 7.

  시간을 나타냄

- I will meet my friend <u>at</u> a park.

  장소를 나타냄

- My family is talking <u>about</u> our vacation.

  기타

9. 감탄사 interjection: 감탄하거나 놀라는 등의 느낌을 나타내는 말입니다.

종류

① 놀람이나 감탄을 나타냄

예 wow, aha, yay …

② 실망이나 실수를 나타냄

예 gee, oops, ouch …

For Examples

- <u>Wow</u>! She is so pretty.

  놀람을 나타냄

- <u>Gee</u>! I have much homework.

  실망을 나타냄

2. 발음

1. 알파벳의 발음

한글은 항상 같은 음으로 발음되지만, 영어는 같은 철자라도 다른 발음을 가집니다.
많이 발음되는 것 위주로 정리했습니다.

알파벳	예	발음
A a	apartment 아파트먼트/ apple 애플	[아/애]
B b	bus 버스	[브]
C c	cake 케익	[크]
D d	desk 데스크	[드]
E e	egg 에그	[에]
F f	fly 플라이	[프]
G g	glass 글래스	[그]
H h	hole 호울	[흐]
I i	ink 잉크	[이]
J j	juice 쥬스	[즈]
K k	kite 카잇	[크]
L l	lemon 레먼	[르]
M m	milk 밀크	[므]
N n	nine 나인	[느]
O o	office 오피스	[오]
P p	pen 펜	[프]
Q q	queen 퀸/ question 퀘스쳔	[퀴]
R r	radio 레이디오/ rain 레인	[르]
S s	swim 스윔	[스]
T t	try 트라이	[트]
U u	umbrella 엄브렐라/ use 유즈/ house 하우스	[어/유/우]
V v	violin 바이얼린	[브]
W w	wolf 울프	[우]
X x	X-ray 엑스레이	[엑]
Y y	yellow 옐로우/ sky 스카이	[예/이]
Z z	zoo 주	[즈]

2. 강세, 리듬, 연음

① 단어의 강세

영어는 특정 음절에 강세가 있습니다.
예를 들어 'famous[훼이머스]'는 [훼]만 강세가 있고, 나머지 [이머스]는 [훼]와 함께
자연스럽게 발음됩니다.

- 첫 음절에 강세가 있는 경우

  예 <u>e</u>lephant [엘리펀트]

- 두 번째 음절에 강세가 있는 경우

  예 comp<u>u</u>ter [컴퓨터]

② 문장의 강세(리듬)

단어의 각 스펠링에 강세가 있듯, 문장 안에서도 강하게 읽어야 하는 단어가 있습니다.
각각의 단어들을 의미에 따라 강약을 주어 읽으면 문장은 음악처럼 리듬이 살아나게 되는데,
영어를 들을 때 노래처럼 들리는 이유가 이 때문입니다.
강세가 있는 단어는 주로 명사, 동사, 형용사, 부사, 의문사 등 실질적 의미가 있는
내용어들이고, 강세가 없는 단어는 주로 관사, 조동사, 전치사, 대명사처럼 기능어들입니다.

- **People like apples**.
  [피플   라익   애플스]

- **People** will **like apples**.
  [피플   월라익   애플스]

- **People** will **like** the **apples**.
  [피플   월라익   디애플스]

- The **people** will **like** the **apples**.
  [더피플   월라익   디애플스]

Sunny Talk

내용어인 people(명사), like(동사), apples(명사)는 강세가 있지만,
will(조동사), the(관사)는 미래나 명사의 성격을 나타내는 기능어들로써 강세가 없습니다.
즉, 위에 있는 예문들에서 세 개의 단어로 이루어진 첫 번째 문장과 여섯 개의 단어로 이루어진
네 번째 문장까지 듣기에는 비슷하게 느껴집니다.

③ 연음

영어는 단어를 하나하나 끊어서 읽지 않고 연결하여 읽는데, 자연스럽게 읽기 위해 단어 고유의 발음이 약간 변하기도 합니다.

예 Would you like an apple?

[우드 유 라익 언 애플] (×)　　　[우쥬 라이껀 애플] (○)

앞 단어의 맨 마지막 스펠링과 뒷단어의 맨 처음 스펠링이 같은 경우 한 번만 발음합니다.

예 Does she like music?

[더즈 쉬 라익 뮤직] (×)　　　[더 쉬 라익 뮤직] (○)

Part I

문법 Grammar

Step One.
기본 문법

Chapter 1.
문장의 다섯 형식

Q 영어 문장, 어떻게 만들까요?

A 문장을 만들기 위해서는 우선 문장의 주요소가 무엇인지 알아야 하는데, 기본적으로 주어와 서술어, 그리고 목적어와 보어가 있습니다.

이 주요소를 문장 구조에 맞게 나열하여 만드는 영어 문장 형식에는 다섯 가지가 있습니다. 다시 말해, 영어의 모든 문장은 이 다섯 형식 안에서 만들어진다고 할 수 있습니다.

Sunny Talk
영어 품사 중에서 서술어 역할은 '동사(verb)'가 해요!

형식	주요소
1형식	주어 + 동사 I study.
2형식	주어 + 동사 + (주격)보어 I am a student.
3형식	주어 + 동사 + 목적어 I have a book.
4형식	주어 + 동사 + 사람목적어 + 물건목적어 I give you a book.
5형식	주어 + 동사 + 목적어 + (목적격)보어 I call the boy Tom.

Unit 1. 1형식

가장 기본적인 문장 형식으로, [주어+동사]로 이루어집니다.

▶ C1U1

문형 익히기

주어+동사

I / study.
나는 / 공부한다

The fire / burns.
불이 /   탄다

+① 주어+동사+부가사항

· People / sleep / at night.
사람은 /   잔다 /   밤에

· I / go / to school / every day.
나는 / 간다 / 학교에 /   매일

Sunny Talk
주어와 동사만으로 문장을 만들 수 있지만,
시간이나 장소 등 부사에 해당하는
부가사항을 덧붙이면 좀 더 구체적인 의미를
표현할 수 있답니다.

+② There is/are~ 패턴

· There are / many beautiful flowers / in the garden.
~이 있다 /   많은 아름다운 꽃들이 /   정원에

Sunny Talk
「there is/are ~이 있다」 패턴을 외워 두세요.
1형식 문장에 자주 사용됩니다.
여기에서 there는 주어를 소개하는
유도부사이기 때문에 '거기'라고 해석하지 않으며,
실제 주어는 be동사 뒤에 나옵니다.

문장 만들기 1형식 문장을 만들어 봅시다.

> 나는 서울에 산다. →

① 주어진 문장을 영어로 바꾸려면, 우선 영어와 우리말의 어순이 다르다는 것을 생각하면서 각 단어의 문장성분을 파악합니다.

→ 나는 / 서울에 / 산다
　　주어　　부가사항　동사

② 영어 어순에 맞춰 어순을 재배치합니다.

　1주어　　2동사　3부가사항
→ 나는 / 산다 / 서울에

③ 해당하는 영어 어휘를 떠올립니다.

· 서울에 → in Seoul

→ I / live / in Seoul.

> I live in Seoul.

④ 반복 훈련을 통해, 영어의 기본 어순과 문장 형식에 대한 감각을 익힙니다.

Q. 1형식 문장을 사용하여 '나의 하루'를 소개해 보세요.

> **A** I get up at 7. I get out of my bed. I go to school at 8. I study hard at school. I come home after school. There is much homework. I go to bed and I sleep at night.
> 나는 7시에 일어납니다. 나는 침대에서 나옵니다. 나는 8시에 학교에 갑니다. 나는 학교에서 열심히 공부합니다.
> 나는 방과 후 집에 옵니다. 숙제가 많이 있습니다. 나는 밤에 잠자리에 들어서 잠을 잡니다.

기초 훈련 1형식 문장을 연습해 봅시다.

'**주어＋동사＋부가사항**'의 기본 어순과 문장 형식에 대한 감각을 익힙니다.

1. 나는 / 간다   →   I go.

    나는 / 간다 / 학교에   →   I go to school.

2. 나는 / 산다   →   I live.

    나는 / 산다 / 서울에   →   I live in Seoul.

3. 나는 / 앉는다   →   I sit.

    나는 / 앉는다 / 의자에   →   I sit on a chair.

4. 나는 / 공부한다   →   I study.

    나는 / 공부한다 / 매일   →   I study every day.

5. 많은 새가 / 있다   →   There are many birds.
    (there is[are] ~)

    많은 새가 / 있다 / 하늘에   →   There are many birds in the sky.

익히기 주어진 단어를 참고하여 영작해 보세요.

정답 p.64

> Words 일어나다 get up / 일찍 early / 운동하다 exercise / 사촌 cousin / 일하다 work / 은행 bank /
> 공원 park / 공부하다 study

1. 나는 아침에 일찍 일어난다.
   1주어   4부가사항 / 3부가사항 / 2동사

   _____

2. 나는 매일 운동한다.
   1주어   3부가사항 / 2동사

   _____

3. 내 사촌은 은행에서 일한다.
   1주어   3부가사항   2동사

   _____

4. 공원에는 많은 사람들이 있다.
   3부가사항   2주어   1동사 (there is[are]~)

   _____

5. 나는 열심히 공부한다.
   1주어   3부가사항   2동사

   _____

문법 PLUS+

> ! **동사의 3인칭 단수 현재형**
>
> ✓ 주어가 나[I]와 너[you]가 아닌 3인칭 단수인 경우, 현재 하는 행동을 나타내는 동사에 **-(e)s**를 붙입니다.
>
> I work hard, and my sister <u>works</u> hard too.
> 나는 열심히 일하고, 내 여동생도 열심히 일한다.
>
> !! **부사의 배열 순서**
>
> ✓ 주성분 뒤에 시간이나 장소를 표현하는 부사[구]를 덧붙일 때, 두 개 이상의 부사[구]가 나올 경우 동사와의 관계가 가장 밀접한 부사 순서대로 씁니다. 일반적으로 장소, 방법, 시간의 순서입니다.
>
> I / go / to school / by bus / <u>every day</u>.
> 나는 / 간다 / 학교에 / 버스로 / 매일
>   1장소   2방법   3시간

말하기 훈련

* 다음 문장을 영작한 후, 정확하고 자연스럽게 말할 때까지 반복하여 따라 해 보세요.

▶ **확장 훈련 >**

▶ C1U1-1

No.	Korean	English
1	나는 / 길 건너편에 / 산다.	
hint	주어+동사+부가사항	across 가로질러
2	나는 / 당신에게 / 동의한다.	
hint	주어+동사+부가사항	agree 동의하다
3	우리 집 주변에는 / 나무가 많이 / 있다.	
hint	there is[are] 주어+부가사항	around ~ 주위에
4	나는 / 보통 / 오전 8시에 / 학교에 / 도착한다.	
hint	주어+동사+부가사항 / 빈도부사 usually	arrive 도착하다
5	나는 / 큰 회사에서 / 일한다.	
hint	주어+동사+부가사항	at (시간, 장소) ~에
6	나는 / 시험을 보기 전에 / 공부한다.	
hint	주어+동사+부가사항 / 시험 보다 take tests	before ~ 앞에, 이전에
7	우리 집 뒤에는 / 작은 언덕이 / 있다.	
hint	there is[are] 주어+부가사항 / 작은 언덕 small hill	behind 뒤에
8	나는 / 매일 / 내 회사에 / 간다.	
hint	주어+동사+부가사항	company 회사, 일행
9	모퉁이에 / 파란 건물이 / 있다.	
hint	there is[are] 주어+부가사항	corner 모퉁이, 구석
10	농장에 / 소들이 많이 / 있다.	
hint	there is[are] 주어+부가사항 / 농장에 on a farm	cow 소

No.	Korean	English
11	나는 / 의사에게 보이려 / 병원에 / 간다.	
hint	주어+동사+부가사항 / 의사에게 보이다 see a doctor	doctor 의사, 박사
12	우리 가족은 / 항상 / 서로 / 돕는다.	
hint	주어+동사+부가사항 / 빈도부사 always	each 각각의
13	우리는 / 지구에 / 산다.	
hint	주어+동사+부가사항	earth 지구, 땅
14	우리 집은 / 시내에서 / 멀 / 다.	
hint	주어+동사+부가사항 / ~에서 멀다 be far from	far 먼, 멀리
15	우리 부모님은 / 논에서 / 일하신다.	
hint	주어+동사+부가사항 / 논 rice field	field 밭, 들, 경기장

정답

1 I live across the street.
2 I agree with you.
3 There are many trees around my house.
4 I usually arrive at school at 8 a.m.
5 I work at a big company.
6 I study before taking tests.
7 There is a small hill behind my house.
8 I go to my company every day.
9 There is a blue building on the corner.
10 There are many cows on a farm.

11 I go to the hospital to see a doctor.
12 My family always helps each other.
13 We live on earth.
14 My house is far from downtown.
15 My parents work in a rice field.

No.	Korean	English
1	나는 때때로 내 남동생과 싸운다.	
hint	빈도부사 sometimes	fight 싸우다, 전투
2	나는 8층에 산다.	
hint	8층 8th floor	floor 층, 바닥
3	아이들은 잔디에서 논다.	
hint		grass 잔디(밭), 풀
4	내 아들은 열심히 공부한다.	
hint		hard 열심히, 어려운
5	내 머리가 아프다.	
hint	아프다, 다치다 hurt	head 머리
6	나는 내 건강을 위해 운동한다.	
hint		health 건강
7	내 아들은 탁자 아래에 숨는다.	
hint	아래 under	hide 숨(기)다
8	나는 토요일에 집에 머문다.	
hint	토요일에 on Saturdays	home 집, 가정
9	일본에는 섬들이 많이 있다.	
hint		island 섬
10	비행기는 안전하게 착륙한다.	
hint	안전하게 safely	land 착륙하다, 육지

No.	Korean	English
11	나는 서울에 산다.	
hint		live 살다
12	찬 바람은 북쪽에서 온다.	
hint		north 북쪽(의)
13	먹을 것이 아무것도 없다.	
hint		nothing 아무것도 (~없다)
14	나는 하루 종일 사무실에서 일한다.	
hint	하루 종일 all day	office 사무소, 회사, 관청
15	나는 뉴욕으로 이사한다.	
hint		move 이사하다, 움직이다, 감동시키다

정답

1 I sometimes fight with my brother.
2 I live on the 8th floor.
3 Kids play on the grass.
4 My son studies hard.
5 My head hurts.
6 I exercise for my health.
7 My son hides under the table.
8 I stay home on Saturdays.
9 There are many islands in Japan.
10 The airplane lands safely.

11 I live in Seoul.
12 Cold wind comes from the north.
13 There is nothing to eat.
14 I work in the office all day.
15 I move to New York.

Unit 2. 2형식

의미상 불완전한 동사를 보어가 보완하는 문장 형식으로,
[주어 + 동사 + 보어]로 이루어집니다.

C1U2

문형 익히기

주어 + 동사 + 보어

I / am / a student.

나는 / ~이다 / 학생

I / am / happy.

나는 / ~이다 / 행복한

> **Sunny Talk**
>
> 불완전한 동사를 설명하기 위한 보어는
> 명사와 형용사입니다.

+① 2형식에 쓰이는 다양한 동사

- The movie / is / fun.

  그 영화는 / ~이다 / 재미있는

- Ice / becomes / water.

  얼음은 / ~ 된다 / 물이

- The weather / gets / cold.

  날씨가 / ~ 된다 / 추운

- You / look / beautiful.

  당신은 / 보인다 / 아름다운

> **Sunny Talk**
>
> 2형식에 주로 쓰이는 be동사 외에
> 상태 변화를 나타내는 동사(become, get,
> grow, turn, seem), 감각을 나타내는 동사
> (feel, look, smell, taste, sound)들도
> 많이 쓰입니다.

+② 주어 + 동사 + 보어 + 부가사항

- I / am / interested / in movies.

  나는 / ~이다 / 흥미가 있는 / 영화에

> **Sunny Talk**
>
> 1형식과 마찬가지로 주어, 동사, 보어 외
> 부가사항을 덧붙이면 좀 더 구체적인
> 의미를 표현할 수 있답니다.

> **Tip**
>
> • be interested in ~에 흥미가 있다

문장 만들기 2형식 문장을 만들어 봅시다.

나는 그 소식에 대해 행복하게 느낀다. →

① 주어진 문장을 영어로 바꾸려면, 우선 영어와 우리말의 어순이 다르다는 것을 생각하면서 각 단어의 문장성분을 파악합니다.

→ 나는 / 그 소식에 대해 / 행복하게 / 느낀다
　　주어　　부가사항　　　　보어　　　동사

② 영어 어순에 맞춰 어순을 재배치합니다.

　　1주어　2동사　3보어　　4부가사항
→ 나는 / 느낀다 / 행복하게 / 그 소식에 대해

③ 해당하는 영어 어휘를 떠올립니다.

• 그 소식에 대해 → about the news

→ I / feel / happy / about the news.

I feel happy about the news.

④ 반복 훈련을 통해, 영어의 기본 어순과 문장 형식에 대한 감각을 익힙니다.

Q. 2형식 문장을 사용하여 '우리 가족'을 소개해 보세요.

Ⓐ This is my happy family. My father is an English teacher. He is very kind.
My mother is a house wife, and she is a good cook. Her food always smells good.
My sister is very smart, and she became a lawyer last year.
I am the youngest in my family. I am happy with my family.

행복한 우리 가족입니다. 우리 아버지는 영어 선생님입니다. 아버지는 매우 친절하십니다.
우리 어머니는 주부이고, 요리를 잘하십니다. 어머니의 음식은 항상 맛있는 냄새가 납니다.
우리 누나는 매우 똑똑해서, 작년에 변호사가 되었습니다.
나는 우리 가족의 막내입니다. 나는 우리 가족과 함께 행복합니다.

기초 훈련 2형식 문장을 연습해 봅시다.

'**주어＋동사＋보어**'의 기본 어순과 문장 형식에 대한 감각을 익힙니다.

1. 나는 / 이다 / 행복한   →   I am happy.

   나는 / 이다 / 학생   →   I am a student.

2. 나는 / 느낀다 / 미안하게   →   I feel sorry.

   너는 / 보인다 / 아름답게   →   You look beautiful.

3. 이것은 / 맛이 난다 / 달콤한   →   It tastes sweet.

   이것은 / 들린다 / 멋지게   →   It sounds good.

4. 날씨는 / ～진다 / 추워   →   The weather gets cold.

   그녀는 / ～진다 / 더 좋다   →   She gets better.
   (병이 낫다)

5. 그는 / 된다 / 군인이   →   He becomes a solider.

   그들은 / 된다 / 좋은 소년들이   →   They become good boys.

익히기 주어진 단어를 참고하여 영작해 보세요.

 정답 p.64

> Words 바쁜 busy / 유명한 famous / 배우 actor / 얼굴 face / 창백한 pale / 냄새가 나다 smell /
> 느끼다 feel / 유감스러운 sorry

1. 나는 오늘 바쁘다.
   1주어 4부가사항 / 3보어 / 2동사
   _____

2. 그는 유명한 배우이다.
   1주어 3보어   2동사
   _____

3. 그녀의 얼굴은 창백하게 된다.
   1주어   3보어   2동사
   _____

4. 우리 어머니의 케이크는 좋은 냄새가 난다.
   1주어   3보어   2동사
   _____

5. 나는 그것에 대해 유감스럽게 느낀다.
   1주어   4부가사항   3보어   2동사
   _____

문법 PLUS+

> **! be동사의 활용**
>
> ✓ 주어의 인칭·수에 따라 바뀌는 be동사를 꼭 기억해 두세요.

내용	주어	be동사	예
1인칭 단수	I	am	I am happy.
2인칭 단·복수/ 1·3인칭 복수	you we they	are	You are happy.
3인칭 단수	he she it	is	She is happy.

말하기 훈련

＊ 다음 문장을 영작한 후, 정확하고 자연스럽게 말할 때까지 반복하여 따라 해 보세요.

▶ 확장 훈련 >   ▶ C1U2-1

No.	Korean	English
1	나는 / 그것에 대해 / 행복하게 / 느낀다.	
hint	주어+동사+보어(형용사)	about ~에 대해, 대략
2	내 친구와 나는 / 같은 나이 / 이다.	
hint	주어+동사+보어(명사)	age 나이, 시대
3	이 지역은 / 안전 / 하다.	
hint	주어+동사+보어(형용사)	area 지역
4	내가 가장 좋아하는 계절은 / 가을 / 이다.	
hint	주어+동사+보어(명사)	autumn 가을
5	우리 아버지는 / 매우 용감 / 하다.	
hint	주어+동사+보어(형용사)	brave 용감한
6	나는 / 요즘 / 바쁘 / 다.	
hint	주어+동사+보어(형용사)+부가사항	busy 바쁜, 번화한
7	서울은 / 한국의 중심 / 이다.	
hint	주어+동사+부가사항+보어(명사)	center 중심, 중앙
8	서울은 / 큰 도시 / 이다.	
hint	주어+동사+보어(명사)	city 도시
9	밖은 / 춥 / 다.	
hint	주어+동사+보어(형용사) / 날씨 비인칭주어 it	cold 추운
10	한국 문화는 / 매우 독특 / 하다.	
hint	주어+동사+보어(형용사)	culture 문화, 교양

No.	Korean	English
11	그 방은 / 어둡 / 다.	
hint	주어+동사+보어(형용사)	dark 어두운
12	벌레가 / 죽어 / 있다.	
hint	주어+동사+보어(형용사)	dead 죽은
13	그 호수는 / 매우 깊 / 다.	
hint	주어+동사+보어(형용사)	deep 깊은, 깊게
14	내 꿈은 / 영어를 잘 말하는 것 / 이다.	
hint	주어+동사+보어(to부정사구)	dream 꿈(꾸다)
15	그 수학 문제를 푸는 것은 / 쉽 / 다.	
hint	주어+동사+보어(형용사) / 가주어 it 진주어 to~	easy 쉬운

정답

1 I feel happy about it.
2 My friend and I are the same age.
3 This area is safe.
4 My favorite season is autumn.
5 My father is very brave.
6 I am busy these days.
7 Seoul is the center of Korea.
8 Seoul is a big city.
9 It is cold outside.
10 Korean culture is very unique.

11 The room is dark.
12 The bug is dead.
13 The lake is very deep.
14 My dream is to speak English well.
15 It is easy to solve the math question.

No.	Korean	English
1	교육은 우리의 미래를 위해 중요하다.	
hint		education 교육
2	그 길의 끝은 어둡다.	
hint	그 길의 끝 the end of the road	end 끝, 목적, 끝나다
3	그 차의 엔진은 고장 나 있다.	
hint	고장 난 broken	engine 엔진, 기관차
4	나는 우리 가족 행사로 바쁘다.	
hint		event 행사, 사건
5	그 기차는 매우 빠르다.	
hint		fast 빠른
6	나는 오늘 행복하게 느낀다.	
hint		feel 느끼다
7	오늘은 날씨가 맑은 날이다.	
hint	날씨 비인칭 주어 it / 좋은 fine	fine 날씨가 맑은, 훌륭한, 벌금
8	나는 바보 같다고 느낀다.	
hint	~과 같이[처럼] like	fool 바보
9	나는 정말로 배가 부르다.	
hint		full 가득한, 충분한
10	날씨가 따뜻해진다.	
hint		get ~이 되다, 얻다, 사다

No.	Korean	English
11	꽃들은 정원에서 잘 자란다.	
hint		grow 자라다, 성장하다, 재배하다
12	당신은 오늘 아름답게 보인다.	
hint		look ~해 보이다, 보다
13	그 상점은 저렴한 가격으로 유명하다.	
hint	~으로 유명하다 be famous for	low (값이) 저렴한, 낮은, 낮게
14	이것은 내 실수이다.	
hint		mistake 잘못, 착오, 틀리다
15	그 소음은 매우 시끄럽다.	
hint	시끄러운 loud	noise 소음

정답

1 Education is important for our future.
2 The end of the road is dark.
3 The engine of the car is broken.
4 I am busy with my family event.
5 The train is very fast.
6 I feel happy today.
7 It is a fine day today.
8 I feel like a fool.
9 I am really full.
10 The weather gets warm.

11 Flowers grow well in a garden.
12 You look beautiful today.
13 The store is famous for low prices.
14 It is my mistake.
15 The noise is very loud.

Unit 3. 3형식

목적어가 필요한 동사가 있는 문장 형식으로, [주어 + 동사 + 목적어] 순입니다.

▶ C1U3

문형 익히기

주어 + 동사 + 목적어

I / know / him.
나는 / 안다 / 그를

I / have / a book.
나는 / 가지고 있다 / 책 한 권을

+① 주어 + 동사 + 목적어 + 부가사항

· I / eat / breakfast / every day.
나는 / 먹는다 / 아침을 / 매일

· I / meet / my friend / on Tuesdays.
나는 / 만난다 / 내 친구를 / 화요일마다

Sunny Talk
1, 2형식과 마찬가지로 시간이나 장소 등의 부가사항을 덧붙이면 의미를 좀 더 구체적으로 표현할 수 있답니다.

+② 주어 + 동사 + 문장목적어

· I / think / that he is happy.
나는 / 생각한다 / 그가 행복하다고

Sunny Talk
'아침을', '친구를'처럼 명사 단독의 목적어뿐 아니라, 문장이 목적어가 될 수 있습니다. 이때 주어 동사가 있는 문장 전체를 목적어로 묶어주는 that이 주로 쓰이는데, 경우에 따라 생략될 수 있습니다.

문장 만들기 3형식 문장을 만들어 봅시다.

> 나는 방과 후 내 숙제를 한다. ➡

① 주어진 문장을 영어로 바꾸려면, 우선 영어와 우리말의 어순이 다르다는 것을 생각하면서 각 단어의 문장성분을 파악합니다.

➡ 나는 / 방과 후 / 내 숙제를 / 한다
　주어　 부가사항　목적어　　 동사

② 영어 어순에 맞춰 어순을 재배치합니다.

1주어　2동사　3목적어　　 4부가사항
➡ 나는 / 한다 / 내 숙제를 / 방과 후

③ 해당하는 영어 어휘를 떠올립니다.

· 방과 후 → after school

➡ I / do / my homework / after school.

> I do my homework after school.

④ 반복 훈련을 통해, 영어의 기본 어순과 문장 형식에 대한 감각을 익힙니다.

Q. 3형식 문장을 사용하여 '내가 좋아하는 취미'를 소개해 보세요.

A I introduce my hobbies.
First of all, I like outdoor sports. I like to play basketball and soccer.
When I play these sports, I can find some energy in myself.
I also like swimming in the summer, and I enjoy snowboarding in the winter.
I enjoy my life with many sports.

내 취미를 소개할게요.
먼저, 나는 실외 운동을 좋아합니다. 나는 농구와 축구 하기를 좋아합니다.
내가 이런 운동을 할 때, 나는 내 안의 에너지를 찾을 수 있습니다.
또한 여름에는 수영 하기를 좋아하고, 겨울에는 스노우보딩을 즐깁니다.
나는 많은 운동과 함께 내 인생을 즐깁니다.

기초 훈련 3형식 문장을 연습해 봅시다.

'**주어＋동사＋목적어**'의 기본 어순과 문장 형식에 대한 감각을 익힙니다.

1. 나는 / 가지고 있다 / 연필을 → I have a pencil.

   나는 / 산다 / 펜을 → I buy a pen.

2. 나는 / 읽는다 / 책을 → I read a book.

   나는 / 마신다 / 물을 → I drink water.

3. 나는 / 탄다 / 버스를 → I take a bus.

   나는 / 좋아한다 / 노래하는 것을 → I like to sing.

4. 나는 / 원한다 / 수영하는 것을 → I want to swim.

   나는 / 희망한다 / 가는 것을 → I hope to go.

5. 나는 / 계획한다 / 운동하는 것을 → I plan to exercise.

   나는 / 필요하다 / 공부하는 것을 → I need to study.

익히기 주어진 단어를 참고하여 영작해 보세요.

정답 p.64

> Words 보다 watch / (악기를) 치다, 연주하다 play / 잘 well / ~하고 싶다 want / 사다 buy / 책 book /
> 만나다 meet / 생각하다 think / 틀린 wrong

1. 나는 매일 TV를 본다.
   1주어 4부가사항/3목적어/2동사

   _____

2. 내 아들은 피아노를 잘 친다.
   1주어   3목적어   4부가사항/2동사

   _____

3. 나는 책을 사고 싶다.
   1주어 3목적어   2동사

   _____

4. 나는 매일 우리 선생님을 만난다.
   1주어 4부가사항/3목적어   2동사

   _____

5. 나는 네가 틀리다고 생각한다.
   1주어 3목적어   2동사

   _____

문법 PLUS+

> **! 조동사**
>
> ✓ 말 그대로 동사를 돕는 동사입니다. 동사 앞에서 동사의 뜻을 더해 주는 역할을 하는데, 문장 형식에는
> 영향을 주지 않습니다.
>
> I can speak English well.
> 나는 영어를 잘 말할 수 있다.
>
> I should study English.
> 나는 영어를 공부해야 한다.

말하기 훈련

* 다음 문장을 영작한 후, 정확하고 자연스럽게 말할 때까지 반복하여 따라 해 보세요.

▶ **확장 훈련 >**

▶ C1U3-1

No.	Korean	English
1	나는 / 당신의 생각을 / 받아들인다.	
hint	주어+동사+목적어	accept 받다
2	나는 / 물을 / 더 넣는다.	
hint	주어+동사+부가사항+목적어	add 더하다
3	나는 / 귀신을 / 무서워한다.	
hint	주어+동사+목적어 / ~을 두려워하다 be afraid of	afraid 두려워하는
4	나는 / 영어 수업에 / 출석한다.	
hint	주어+동사+목적어 / 수업에 → 수업을	attend 출석하다
5	나는 / 실수하는 것을 / 피한다.	
hint	주어+동사+목적어 / avoid+동명사(making)	avoid 피하다
6	나는 / 빈 깡통을 / 버린다.	
hint	주어+동사+목적어 / 버리다 throw away / 빈 깡통 empty can	away 떨어져
7	나는 / 펜을 / 빌린다.	
hint	주어+동사+목적어	borrow 빌리다
8	우리 어머니는 / 내 형과 나를 둘 다 / 사랑하신다.	
hint	주어+동사+목적어	both 양쪽 다, 양쪽의
9	나는 / 항상 / 물병을 / 가지고 다닌다.	
hint	주어+동사+목적어 / 빈도부사 always / 가지고 다니다 carry	bottle 병
10	내 친구는 / 항상 / 그의 개를 / 이곳에 / 데려온다.	
hint	주어+동사+목적어+부가사항	bring 데려오다, 가져오다

No.	Korean	English
11	나는 / 언젠가 / 우리 집을 짓고 / 싶다.	
hint	주어+동사+목적어 / 짓고 싶다 → 짓기 원한다	build 짓다, 건축하다
12	나는 / 언젠가 / 내 사업을 갖고 / 싶다.	
hint	주어+동사+목적어 / 갖고 싶다 → 갖기 원한다	business 사업, 일, 상업
13	나는 / 빵에 / 버터를 약간 / 바른다.	
hint	주어+동사+목적어+부가사항 / 바르다 put	butter 버터
14	나는 / 내 아기를 / 돌본다.	
hint	주어+동사+목적어 / 돌보다 take care of	care 돌보아줌, 걱정(하다), 조심
15	나는 / 택시를 / 잡는다.	
hint	주어+동사+목적어	catch 붙잡다

정답

1 I accept your idea.

2 I add more water.

3 I am afraid of ghosts.

4 I attend the English class.

5 I avoid making mistakes.

6 I throw away an empty can.

7 I borrow a pen.

8 My mother loves both my brother and me.

9 I always carry a water bottle.

10 My friend always brings his dog here.

11 I want to build my house someday.

12 I want to have my business someday.

13 I put some butter on the bread.

14 I take care of my baby.

15 I catch a taxi.

No.	Korean	English
1	나는 내 친구들을 내 파티에 초대한다.	
hint		invite 초대하다
2	나는 내 왼손을 잘 사용할 수 있다.	
hint		left 왼쪽(의), leave의 과거(분사)
3	나는 불을 켠다.	
hint	~을 켜다 turn on	light 빛, 가벼운, 불을 켜다
4	우리 어머니는 큰 목소리를 가지고 계신다.	
hint		loud 큰 소리의, 큰 소리로
5	나는 언제나 행운이 있다.	
hint	행운 good luck / 있다 → 가지고 있다	luck 운
6	나는 매일 내 우편물을 확인한다.	
hint		mail 우편, 우송하다
7	우리 가족은 고기 먹는 것을 즐긴다.	
hint	즐기다 enjoy+동명사 (eating)	meat 고기
8	나는 좋은 기억력을 가지고 있다.	
hint		memory 기억(력), 추억
9	나는 많은 돈이 필요하다.	
hint	~을 필요로 하다 need	money 돈
10	나는 봄을 제일 좋아한다.	
hint	제일 the most	most 가장 많은, 대개의

No.	Korean	English
11	나는 음악 듣는 것을 좋아한다.	
hint		music 음악
12	나는 새 원피스를 사고 싶다.	
hint		new 새로운
13	나는 당신의 전화번호를 알고 있다.	
hint		number 번호, 수
14	나는 종종 내 고등학교 친구들을 만난다(본다).	
hint		often 종종
15	나는 일주일에 한 번 우리 집을 청소한다.	
hint	일주일에 한 번 once a week	once 한 번, 한때

정답

1 I invite my friends to my party.
2 I can use my left hand well.
3 I turn on the light.
4 My mother has a loud voice.
5 I have good luck all the time.
6 I check my mail every day.
7 My family enjoys eating meat.
8 I have a good memory.
9 I need a lot of money.
10 I like spring the most.

11 I like to listen to music.
12 I want to buy a new dress.
13 I know your phone number.
14 I often see my high school friends.
15 I clean my house once a week.

Unit 4. 4형식

목적어가 두 개 필요한 문장 형식이며,
[주어+동사+사람목적어+물건목적어] 어순입니다.

▶ C1U4

문형 익히기

주어+동사+사람목적어+물건목적어

I / give / you / a book.
나는 / 준다 / 네게 / 책을

They / show / me / a new camera.
그들은 / 보여 준다 / 내게 / 새 카메라를

+① **주어+동사+사람목적어+물건목적어+부가사항**

· My mother / buys / me / a new bag / every year.
우리 어머니는 / 사 주신다 / 내게 / 새 가방을 / 매년

· I / send / you / an email / at school.
나는 / 보낸다 / 네게 / 이메일을 / 학교에서

+② **주어+동사+사람목적어+문장목적어**

· I / tell / you / that he is busy.
나는 / 말한다 / 네게 / 그가 바쁘다고

Sunny Talk

4형식의 물건목적어 자리에는 문장이 올 수도 있습니다.
이때 문장을 목적어로 묶어주는 that이 주로 쓰이는데,
경우에 따라 생략될 수 있습니다. 4형식에 많이 쓰이는
동사는 give, tell, buy, send, show 등입니다.

문장 만들기 4형식 문장을 만들어 봅시다.

나는 당신에게 좋은 직업을 제공한다. →

① 주어진 문장을 영어로 바꾸려면, 우선 영어와 우리말의 어순이 다르다는 것을 생각하면서 각 단어의 문장성분을 파악합니다.

→ 나는 / 당신에게 / 좋은 직업을 / 제공한다
　　주어　　사람목적어　　물건목적어　　　동사

② 영어 어순에 맞춰 어순을 재배치합니다.

　1주어　2동사　　　3사람목적어　4물건목적어
→ 나는 / 제공한다 / 당신에게 / 좋은 직업을

③ 해당하는 영어 어휘를 떠올립니다.

　· 좋은 직업 → a good job

→ I / offer / you / a good job.

I offer you a good job.

④ 반복 훈련을 통해, 영어의 기본 어순과 문장 형식에 대한 감각을 익힙니다.

Q. 4형식 문장을 사용하여 '우리 어머니'에 대해 이야기해 보세요.

A My mother gave me life. She gives me everything (that) she has.
She buys me what I need. She makes me delicious meals.
She even shows me my future. So I always tell my mother my secrets.

우리 어머니는 내게 생명을 주셨어요(낳아 주셨어요). 어머니는 내게 그녀가 가진 모든 것을 주시지요.
그녀는 내게 필요한 것을 사 줍니다. 그녀는 내게 맛있는 밥도 만들어 주십니다.
어머니는 심지어 내게 나의 미래도 보여 주시지요. 그래서 나는 항상 우리 어머니께 내 비밀들을 말합니다.

기초 훈련 4형식 문장을 연습해 봅시다.

'**주어＋동사＋사람목적어＋물건목적어**'의 기본 어순과 문장 형식에 대한 감각을 익힙니다.

1. 나는 / 사 준다 / 그에게 / 책을 → I buy him a book.

   나는 / 가르쳐 준다 / 그에게 / 영어를 → I teach him English.

2. 나는 / 만들어 준다 / 그녀에게 / 피자를 → I make her a pizza.

   나는 / 보내 준다 / 그녀에게 / 편지를 → I send her a letter.

3. 나는 / 가져다준다 / 그에게 / 커피를 → I get him coffee.

   나는 / 읽어 준다 / 그에게 / 책을 → I read him a book.

4. 나는 / 보여 준다 / 그녀에게 / 내 사진을 → I show her my picture.

   나는 / 물어본다 / 그녀에게 / 질문을 → I ask her a question.

5. 나는 / 말한다 / 그에게 / 비밀을 → I tell him a secret.

   나는 / 사 준다 / 그에게 / 가방을 → I buy him a bag.

익히기 주어진 단어를 참고하여 영작해 보세요.

> Words 사다, 사 주다 buy / 코트 coat / 팔다 sell / 새로운 new / 물어보다 ask / 질문 question /
> 말하다 tell / 배고픈 hungry

1. <u>우리 어머니는</u> <u>내게</u> <u>코트를</u> <u>사 주신다.</u>
   1주어　　　　　　　3사람목/4물건목　　2동사

   _____

2. <u>나는</u> <u>내 친구에게</u> <u>자동차를</u> <u>판다.</u>
   1주어　3사람목　　　　4물건목　　2동사

   _____

3. <u>우리 아버지는</u> <u>내게 새 가방을</u> <u>사 주신다.</u>
   1주어　　　　　　3사람목/4물건목　　2동사

   _____

4. <u>우리 선생님은</u> <u>내게</u> <u>질문을</u> <u>물어보신다.</u>
   1주어　　　　　3사람목/4물건목　2동사

   _____

5. <u>그는</u> <u>내게</u> <u>그가 배고프다고</u> <u>말한다.</u>
   1주어　3사람목/4물건목　　　　2동사

   _____

문법 PLUS+

> **! 형용사**
>
> ✓ 주로 명사를 꾸미는 형용사는 명사의 앞에 위치합니다.
>
> I buy you a <u>new</u> book.
> 나는 네게 <u>새</u> 책을 사 준다.
>
> I ask you a <u>difficult</u> question.
> 나는 네게 <u>어려운</u> 질문을 물어본다.

말하기 훈련

* 다음 문장을 영작한 후, 정확하고 자연스럽게 말할 때까지 반복하여 따라 해 보세요.

▶ 확장 훈련 > ▶ C1U4-1

No.	Korean	English
1	우리 아버지는 / 항상 / 내게 / 친절한 충고를 / 주신다.	
hint	주어+동사+사람목+물건목	kind 친절한, 종류
2	내 친구들은 / 내게 / 저 아파트를 사라고 / 추천한다.	
hint	주어+동사+사람목+물건목	apartment 아파트
3	나는 / 당신에게 / 그 바구니를 / 전해 준다.	
hint	주어+동사+사람목+물건목	basket 바구니
4	우리 아버지는 / 내게 / 큰 선물을 사 준다고 / 약속하신다.	
hint	주어+동사+사람목+물건목 / 사 줄 것 to buy	big 큰
5	그 공무원은 / 우리에게 / 이곳에 다리를 만들어 줄 것을 / 약속한다.	
hint	주어+동사+사람목+물건목 / 공무원 officer	bridge 다리
6	우리 어머니는 / 항상 / 내게 / 맛있는 음식들을 / 요리해 주신다.	
hint	주어+동사+사람목+물건목	cook 요리하다, 요리사
7	우리 선생님은 / 우리에게 / 중요한 교훈을 / 주신다.	
hint	주어+동사+사람목+물건목 / 교훈 lesson	important 중요한
8	나는 / 당신에게 / 늦지 말라고 / 말한다.	
hint	주어+동사+사람목+물건목 / 늦지 않기 not to be late	late 늦은
9	우리 어머니는 / 내게 / 모든 것을 / 주신다.	
hint	주어+동사+사람목+물건목	mother 어머니
10	우리 학교는 / 우리에게 / 배울 수 있는 많은 기회를 / 제공한다.	
hint	주어+동사+사람목+물건목 / 제공하다 offer	chance 기회, 운, 우연

No.	Korean	English
11	나는 / 내 아들에게 / 값이 싼 장난감들을 / 사 준다.	
hint	주어+동사+사람목+물건목	cheap (값이) 싼
12	내 학생들은 / 내게 / 어려운 문제들을 / 물어본다.	
hint	주어+동사+사람목+물건목	difficult 어려운
13	그는 / 내게 / 유명한 책을 / 보여 준다.	
hint	주어+동사+사람목+물건목	famous 유명한
14	우리 아버지는 / 우리 가족들에게 / 멋진 집을 / 지어 주신다.	
hint	주어+동사+사람목+물건목	father 아버지
15	그 점원은 / 우리에게 / 무료 샘플들을 / 제공한다.	
hint	주어+동사+사람목+물건목	free 무료의, 자유로운

(정답)

1 My father always gives me kind advice.
2 My friends recommend me to buy that apartment.
3 I pass you the basket.
4 My father promises me to buy a big present.
5 The officer promises us to build a bridge here.
6 My mother always cooks me some delicious food.
7 My teacher gives us an important lesson.
8 I tell you not to be late.
9 My mother gives me everything.
10 My school offers us many chances to learn.

11 I buy my son cheap toys.
12 My students ask me some difficult questions.
13 He shows me a famous book.
14 My father builds my family a nice house.
15 The clerk offers us some free samples.

No.	Korean	English
1	나는 방과 후 당신에게 편지를 쓴다.	
hint		after ~후에
2	나는 당신에게 테니스 치는 법을 다시 가르친다.	
hint	테니스 치는 법 how to play tennis	again 다시
3	나는 항상 당신에게 커피를 사 준다.	
hint		always 항상
4	나는 당신에게 소포와 편지를 보낸다.	
hint	소포 package	and 그리고
5	나는 당신에게 또 다른 시계도 줄 수 있다.	
hint		another 또 하나의
6	나는 당신에게 나의 새 재킷을 빌려준다.	
hint	빌려주다 lend	jacket 재킷
7	그는 내게 책을 건넨다.	
hint		book 책
8	그 소년은 내게 그의 새 장난감을 보여 준다.	
hint		boy 소년
9	나는 내 수업에서 학생들에게 영어를 가르친다.	
hint		class 수업, 학급
10	나는 내 딸에게 분홍 원피스를 사 준다.	
hint		dress 의복, 복장, 옷을 입(히)다

No.	Korean	English
11	그는 내게 파란 재킷을 사 준다.	
hint		blue 파란색(의), 파랑, 우울한
12	나는 당신에게 좋은 직업을 찾아줄 수 있다.	
hint		job 직업, 일
13	나는 당신에게 이 단락의 핵심을 말해 준다.	
hint	핵심 main idea	main 주요한
14	나는 내 아들에게 그가 무엇을 해야 하는지 충고한다.	
hint	그가 무엇을 해야 하다 what he should do	advise 충고하다, 조언하다
15	나는 당신에게 선물을 준다.	
hint		give 주다

정답

1 I write you a letter after class.
2 I teach you how to play tennis again.
3 I always buy you coffee.
4 I send you a package and a letter.
5 I can give you another watch.
6 I lend you my new jacket.
7 He hands me a book.
8 The boy shows me his new toy.
9 I teach my students English in my class.
10 I buy my daughter a pink dress.

11 He buys me a blue jacket.
12 I can find you a good job.
13 I tell you the main idea of this passage.
14 I advise my son what he should do.
15 I give you a present.

Unit 5. 5형식

목적어를 보충해 주는 보어가 필요한 문장 형식으로, 이 보어를 목적격보어라고 하며
[주어 + 동사 + 목적어 + 목적격보어] 어순입니다.

C1U5

문형 익히기

주어 + 동사 + 목적어 + 목적격보어

I / call / the boy / Tom.
나는 / 부른다 / 그 소년을 / Tom이라고

She / makes / me / happy.
그녀는 / 만든다 / 나를 / 행복한

+① 주어 + 동사 + 목적어 + 목적격보어(명사 또는 형용사) + 부가사항

· I / find / the sunrise / beautiful / every morning.
나는 / 발견한다 / 일출이 / 아름다운 / 매일 아침

Sunny Talk
5형식에 쓰이는 목적격보어에는 명사나 형용사가 옵니다.
다른 형식과 마찬가지로 시간이나 장소 등의 부가사항을
덧붙이면 의미를 좀 더 구체적으로 표현할 수 있답니다.

+② 목적격보어로 동사가 올 때는 동사 앞에 'to'를 붙인다.

· I / allow / you / to go.
나는 / 허락한다 / 너를 / 가도록

· I / want / you / to speak English well.
나는 / 원한다 / 당신이 / 영어를 잘하기를

Sunny Talk
목적격보어로 동사가 나오면 문장에서 '~하도록', '~하기'라는
의미로 쓰입니다. 이때, 목적격보어로 쓰인 동사 앞에 대개는
to를 붙이는데, 동사에 따라 '동사원형' 그대로 쓰거나
'동사 + ing' 형태로 쓰기도 합니다.

문장 만들기 5형식 문장을 만들어 봅시다.

나는 당신을 이 분야에서 전문가로 여긴다. →

① 주어진 문장을 영어로 바꾸려면, 우선 영어와 우리말의 어순이 다르다는 것을 생각하면서 각 단어의 문장성분을 파악합니다.

→ 나는 / 당신을 / 이 분야에서 / 전문가로 / 여긴다
   주어   목적어   부가사항   목적격보어   동사

② 영어 어순에 맞춰 어순을 재배치합니다.

  1주어 2동사 3목적어 4목적격보어 5부가사항
→ 나는 / 여긴다 / 당신을 / 전문가로 / 이 분야에서

③ 해당하는 영어 어휘를 떠올립니다.

- 이 분야에서 → in this area

→ I / consider / you / an expert / in this area.

I consider you an expert in this area.

④ 반복 훈련을 통해, 영어의 기본 어순과 문장 형식에 대한 감각을 익힙니다.

Q. 5형식 문장을 사용하여 '직장 상사'에 대해 이야기해 보세요.

A My boss always makes his team members work hard.
We also see him work hard every day. So we sometimes call him a workaholic.
He wants us to complete our work on time.
However, he sometimes helps us achieve our goals.

내 상사는 항상 그의 팀 구성원들을 열심히 일하게 만듭니다.
우리는 또한 매일 열심히 일하는 그를 봅니다. 그래서 우리는 때때로 그를 일중독자라고 부릅니다.
그는 우리가 우리의 일을 제시간에 마치기를 원합니다.
그렇지만, 그는 때때로 우리가 우리의 목표를 성취하도록 도와줍니다.

기초 훈련 5형식 문장을 연습해 봅시다.

'주어＋동사＋목적어＋목적격보어'의 기본 어순과 문장 형식에 대한 감각을 익힙니다.

1. 나는 / 원한다 / 네가 / 공부하기를   →   I want you to study.

   나는 / 기대한다 / 네가 / 노래하기를   →   I expect you to sing.

2. 나는 / 조언한다 / 네가 / 운동하기를   →   I advise you to exercise.

   나는 / 허락한다 / 네가 / 쉬기를   →   I allow you to rest.

3. 나는 / 요구한다 / 네가 / 가기를   →   I ask you to go.

   나는 / 명령한다 / 네가 / 공부하기를   →   I order you to study.

4. 나는 / 만든다 / 네가 / 청소하게   →   I make you clean.

   나는 / 돕는다 / 네가 / 공부하게   →   I help you study.

5. 나는 / 본다 / 네가 / 웃는 것을   →   I see you laugh.

   나는 / 듣는다 / 네가 / 노래하는 것을   →   I hear you sing.

Sunny Talk

'make, help'는 사역동사, 'see, hear'은 지각동사입니다. 사역동사 또는 지각동사가 쓰인 문장에서 목적격보어로 동사가 사용되면 동사원형을 씁니다.

익히기 주어진 단어를 참고하여 영작해 보세요.

 정답 p.64

> Words 화나는 angry / 요리하다 cook / 공부하다 study / 난로 heater / 유지하다 keep / 따뜻한 warm

1. 그는 나를 화나게 만든다.
   1주어   3목적어/4목보   2동사
   _____

2. 나는 그녀가 이곳에 오기를 원한다.
   1주어   3목적어   4목보   2동사
   _____

3. 나는 우리 어머니가 요리하는 것을 도와드린다.
   1주어   3목적어   4목보   2동사
   _____

4. 나는 매일 공부하는 내 아들을 본다.
   1주어   5부가사항/4목보   3목적어   2동사
   _____

5. 그 난로는 방을 따뜻하게 유지하게 한다.
   1주어   3목적어/4목보   2동사
   _____

문법 PLUS +

! 사역동사가 5형식 문장에서 사용될 때

✓ 동사가 목적격보어가 되면 to 부정사 대신 동사원형을 씁니다.

사역동사(시키는 동사) : let 허락하다 / make 시키다 / have ~하게 하다 / help 도와주다

I make my son ~~to study~~ English every day. (×)
I make my son <u>study</u> English every day. (○)

나는 내 아들이 매일 영어를 공부하도록 시킨다.

‼ 지각동사가 5형식 문장에서 사용될 때

✓ 동사가 목적격보어가 되면 to 부정사 대신 동사원형이나 현재분사(동사-ing)를 씁니다.

지각동사(보고 인지하는 동사) : see (어떤 상태를) 보다 / watch (TV 등을) 보다 / hear (이야기 등을) 듣다 / listen to (라디오나 음악을) 듣다 / feel 느끼다

I see Mr. Kim ~~to work~~ late every day. (×)
I see Mr. Kim <u>work</u> late every day. (○)
I see Mr. Kim <u>working</u> late every day. (○)

나는 매일 늦게까지 일하는 Mr. Kim을 본다.

말하기 훈련

* 다음 문장을 영작한 후, 정확하고 자연스럽게 말할 때까지
반복하여 따라 해 보세요.

▶ 확장 훈련 >   ▶ C1U5-1

No.	Korean	English
1	너는 / 항상 / 나를 / 홀로 / 두고 간다.	
hint	주어+동사+목적어+목적격보어 / ~을 두고 가다 leave	alone 홀로
2	나는 / 새가 / 가지 위에서 / 노래하는 것을 / 듣는다.	
hint	주어+동사+목적어+목적격보어+부가사항 / 가지 branch	bird 새
3	나는 / 귀여운 소녀가 / 무대에서 / 춤추는 것을 / 본다.	
hint	주어+동사+목적어+목적격보어+부가사항	dance 춤(추다)
4	나는 / 항상 / 내 딸이 / 학교에 / 일찍 / 가는 것을 / 본다.	
hint	주어+동사+목적어+목적격보어+부가사항	early 일찍
5	나는 / 내 아들이 / 그의 건강을 위해 / 운동하도록 시킨다.	
hint	주어+동사+목적어+목적격보어+부가사항 / 시키다 make	exercise 운동(하다), 연습
6	나는 / 밖에서 / 많은 개들이 / 짖는 것을 / 듣는다.	
hint	주어+동사+목적어+목적격보어+부가사항 / 짖다 bark	many 많은
7	우리 선생님은 / 우리를 / 좋은 학생으로 / 만드신다.	
hint	주어+동사+목적어+목적격보어	good 좋은, 능숙한
8	내 남편은 / 항상 / 내가 / 영어 편지 읽는 것을 / 도와준다.	
hint	주어+동사+목적어+목적격보어	husband 남편
9	나는 / 내 개를 / '리치'라고 / 이름 붙인다.	
hint	주어+동사+목적어+목적격보어	name 이름 (붙이다)
10	나는 / 노인이 / 길을 건너시는 것을 / 본다.	
hint	주어+동사+목적어+목적격보어	old 나이 먹은, 오래된

No.	Korean	English
11	나는 / 그가 / 영웅이라고 / 믿는다.	
hint	주어+동사+목적어+목적격보어	believe 믿다
12	나는 / 내 남편이 / 카메라를 수리하는 것을 / 본다.	
hint	주어+동사+목적어+목적격보어	camera 사진기
13	우리 선생님은 / 내가 / 나쁜 습관을 바꾸도록 / 만드신다.	
hint	주어+동사+목적어+목적격보어	change 바꾸다, 변하다
14	나는 / 아침에 / 자명종이 / 울리는 것을 / 듣는다.	
hint	주어+동사+목적어+목적격보어+부가사항	clock 시계
15	나는 / 내 아기가 / 그의 밥을 먹도록 / 도와준다.	
hint	주어+동사+목적어+목적격보어	eat 먹다

정답

1 You always leave me alone.
2 I hear a bird singing on a branch.
3 I see a cute girl dancing on the stage.
4 I always see my daughter go to school early.
5 I make my son exercise for his health.
6 I hear many dogs barking outside.
7 My teacher makes us good students.
8 My husband always helps me read English letters.
9 I name my dog 'Rich.'
10 I see an old man crossing the street.

11 I believe him to be a hero.
12 I see my husband repairing a camera.
13 My teacher makes me change my bad habit.
14 I hear the alarm clock ringing in the morning.
15 I help my baby eat his meal.

No.	Korean	English
1	나는 사람들이 음악을 통해 그들의 삶을 즐기도록 돕는다.	
hint		enjoy 즐기다
2	나는 내 아이들이 일요일에 많이 자도록 둔다.	
hint	~하게 하다 let	kid 아이, 새끼 염소
3	많은 예문들은 우리가 그 단어를 쉽게 이해하도록 돕는다.	
hint	help (사역동사) + 목적어 + 목적격보어(동사원형)	example 예, 보기
4	나는 네가 시험에서 좋은 점수를 받기를 기대한다.	
hint		expect 기대하다
5	나는 그 뉴스에 대해 흥분하는 당신을 발견한다.	
hint		find 발견하다
6	나는 내 직원이 그 보고서를 제시간에 끝내도록 지시한다.	
hint	제시간 on time	finish 끝내다
7	우리 어머니는 항상 내가 모두 용서하기를 기대하신다.	
hint		forgive 용서하다
8	나는 당신이 당신의 미래를 위해 영어를 공부하기를 기대한다.	
hint		future 미래(의)
9	나는 그가 위대한 선생님이라고 믿는다.	
hint		great 위대한, 큰
10	나는 내 아들이 밖에서 우는 것을 듣는다.	
hint		hear 듣다, 들리다

No.	Korean	English
11	내 친구는 나에게 그를 대신하여 편지를 쓰도록 시킨다.	
hint	시키다 have (사역동사) + 목적어 + 목적격보어(동사원형)	letter 편지, 문자
12	우리 학교는 학생들이 머리카락을 기르도록 허락한다.	
hint	허락하다 let (사역동사) + 목적어 + 목적격보어(동사원형)	student 학생
13	우리 어머니는 항상 나를 행복하게 만드신다.	
hint		make 만들다
14	에어컨은 나를 시원하게 한다.	
hint	~하게 해 주다 → 만들어 주다 make	cool 시원한, 냉정한
15	나를 소개하겠습니다.	
hint	*직역하기 힘든 문장이므로 표현을 외우세요!	let ~하게 하다, ~ 시키다

정답

1. I help people enjoy their lives through music.
2. I let my kids sleep a lot on Sundays.
3. Many examples help us understand the word easily.
4. I expect you to get a good grade on the exam.
5. I find you excited about the news.
6. I order my staff to finish the report on time.
7. My mother always expects me to forgive everybody.
8. I expect you to study English for your future.
9. I believe him to be a great teacher.
10. I hear my son crying outside.
11. My friend has me write a letter instead of him.
12. My school lets students grow their hair.
13. My mother always makes me happy.
14. The air conditioner makes me cool.
15. Let me introduce myself.

* 다음 문장이 다섯 가지 문형 중 어느 것에 해당하는지 표시하고, 주어진 단어를 사용하여 영작해 보세요.

정답 p.64

ex. 나는 사과를 좋아한다.   ③ I like apples.

확장 훈련 >

1. 날씨가 추워 진다.
    1주어   3보어   2동사

2. 나는 피아노를 칩니다.
    1주어   3목적어   2동사

3. 우리는 그 개를 'Happy'라고 부른다.
    1주어   3목적어   4목적격보어   2동사

4. 나는 매일 커피를 마신다.
    1주어   4부가사항/3목적어/2동사

5. 우리 어머니는 교회에 가신다.
    1주어   3부가사항 / 2동사

6. 내 남동생은 매일 배고프 다.
    1주어   4부가사항/3보어   2동사

7. 나는 우리 가족과 서울에 산다.
    1주어   4부가사항   3부가사항   2동사

8. 나는 내 여동생에게 내 사진을 보여 준다.
    1주어   3사람목적어   4물건목적어   2동사

9. 선생님께서는 내게 몇 가지 질문을
    1주어   3사람목적어/4물건목적어

    물어보신다.
    2동사

10. 그녀는 나를 피곤하게 만든다.
    1주어   3목적어/4목적격보어   2동사

Words   ~ 되다 get / 교회 church / 날씨 weather / 마시다 drink / 배고픈 hungry / 보여 주다 show / 부르다 call / 사진 picture / 살다 live / 서울 Seoul / 연주하다 play / 질문 question / 추운 cold / 피곤한 tired

집중 훈련 >>

1. 나는 건강을 위해 매일 운동한다. ☐ _____

2. Jane은 간호사가 된다. ☐ _____

3. 우리 아버지는 내가 컴퓨터 게임 하는 것을 ☐ _____
   허락하신다.

4. 이 약은 쓴 맛이 난다. ☐ _____

5. 나는 매일 Jimmy와 회사에 간다. ☐ _____

6. 그 사과는 맛있어 보인다. ☐ _____

7. 나는 일주일에 한 번 내 자동차를 닦는다. ☐ _____

8. 나는 좋은 책들을 가지고 있다. ☐ _____

9. 나는 무대에서 Jane이 노래하는 것을 ☐ _____
   듣는다.

10. 나는 매일 공원에서 내 개와 달린다. ☐ _____

11. 이 계산기는 우리에게 많은 시간을 ☐ _____
    절약해 준다.

12. 나는 그가 매일 바쁘다는 것을 안다. ☐ _____

13. 나는 내 남동생에게 기타 치는 법을 가르쳐 ☐ _____
    준다.

14. 우리 도시에는 도서관이 두 곳 있다. ☐ _____

15. 나는 그가 내 자동차를 수리하도록 한다. ☐ _____

Words ～ 되다 become / ～하게 하다 have / 간호사 nurse / 건강 health / 계산기 calculator /
기타 치는 법 how to play the guitar / 노래하다 sing / 닦다 wash / 도서관 library / 도시 city /
뛰다 run / 맛있는 delicious / 무대 stage / 수리하다 fix / 쓴 bitter / 약 medicine / 운동하다 exercise /
절약하다 save / 허락하다 allow / 회사 company

Unit 1. 1형식   p.25

1. I get up early in the morning.
2. I exercise every day.
3. My cousin works at the bank.
4. There are many people in the park.
5. I study hard.

Unit 2. 2형식   p.33

1. I am busy today.
2. He is a famous actor.
3. Her face becomes pale.
4. My mother's cake smells good.
5. I feel sorry about it.

Unit 3. 3형식   p.41

1. I watch TV every day.
2. My son plays the piano well.
3. I want to buy a book.
4. I meet my teacher every day.
5. I think that you are wrong.

Unit 4. 4형식   p.49

1. My mother buys me a coat.
2. I sell my friend a car.
3. My father buys me a new bag.
4. My teacher asks me a question.
5. He tells me that he is hungry.

Unit 5. 5형식   p.57

1. He makes me angry.
2. I want her to come here.
3. I help my mother cook.
4. I see my son study every day.
5. The heater keeps the room warm.

확장 훈련 >   p.62

1. 2 | The weather gets cold.
2. 3 | I play the piano.
3. 5 | We call the dog 'Happy.'
4. 3 | I drink coffee every day.
5. 1 | My mother goes to church.
6. 2 | My brother is hungry every day.
7. 1 | I live in Seoul with my family.
8. 4 | I show my sister my picture.
9. 4 | My teacher asks me some questions.
10. 5 | She makes me tired.

집중 훈련 >>   p.63

1. 1 | I exercise for my health every day.
2. 2 | Jane becomes a nurse.
3. 5 | My father allows me to play computer games.
4. 2 | The medicine tastes bitter.
5. 1 | I go to the company with Jimmy every day.
6. 2 | The apple looks delicious.
7. 3 | I wash my car once a week.
8. 3 | I have good books.
9. 5 | I hear Jane sing a song on the stage.
10. 1 | I run with my dog at the park every day.
11. 4 | This calculator saves us much time.
12. 3 | I know that he is busy every day.
13. 4 | I teach my brother how to play the guitar.
14. 1 | There are two libraries in our city.
15. 5 | I have him fix my car.

Chapter 2.
시제

Q 영어, 시제가 중요한가요?

A 영어 공부를 하다 보면 가장 어렵다고 느끼는 것이 우리말과 다르게 표현되는 영어의 시제입니다.

'시제' 하면 보통 '과거, 현재, 미래' 세 가지를 떠올리는데, 영어는 이 세 가지를 세분화한 열두 시제가 있습니다. 하지만, 실생활에서 주로 사용되는 것은 다섯 가지 정도입니다.

시제	내용
현재	현재의 사실이나 느낌, 반복적인 일에 대해 표현 I study English.
과거	과거에 일어난 사건이나 행동을 표현 I studied English.
미래	미래의 계획이나 예상되는 일을 표현 I will study English.
현재진행	현재에 진행되는 행동을 강조하는 표현 I am studying English.
현재완료	과거부터 현재까지 지속되는 행동이나 경험에 대해 표현 I have studied English for 3 years.

Unit 1. 현재

현재의 사실이나 반복적인 일에 대해 표현할 때 사용하는 시제입니다.

동사의 현재형은 우리가 사전에서 외우는 동사 형태로, 과거나 미래 등 다른 시제에 응용되는 원형이 됩니다. 그래서 동사의 현재형을 '동사원형'이라고도 합니다.

▶ C2U1

문형 익히기

현재의 사실

I / live / in Seoul.

나는 / 산다 / 서울에

반복적인 습관

I / get up / at 6 / every day.

나는 / 일어난다 / 6시에 / 매일

> **Sunny Talk**
> 매일의 반복적인 습관도 현재 시제로 표현합니다.

+① 주어가 3인칭 단수일 경우

· My father / goes / to bed / at 11 / every day.

우리 아버지는 / 가신다 / 침대로 / 11시에 / 매일

· The store / opens / at 9 / every morning.

그 가게는 / 연다 / 9시에 / 매일 아침

> **Sunny Talk**
> 주어가 나(I)와 너(you)가 아닌 3인칭 단수인 경우, 동사원형 뒤에 -(e)s를 붙입니다.

> **Tip**
> · 시간부사는 시간 범위가 작은 순서대로 위치합니다.
> 예 11시 < 매일
> · go to bed 침대로 가다('잠자리에 들다'라는 관용적 표현)

+② 일반적인 진리

· The earth / goes / around the sun.

지구는 / 간다 / 태양 주위로

> **Sunny Talk**
> 현재에도 계속되는 일반적인 진리에 대해서는 현재 시제를 사용합니다.
> · '지구는 태양 주위를 돈다'라는 표현을 영어로 바꾸면 '지구는 태양 주위로 간다'라고 됩니다.
> 우리말을 영어로 옮길 때 그대로 되지 않을 수도 있다는 것에 주의합니다.
> · 주어가 사람뿐 아니라, 사물인 경우에도 3인칭 단수면 동사 뒤에 -(e)s를 붙입니다.

문장 만들기 현재 시제를 사용한 문장을 만들어 봅시다.

그녀는 친절한 사람이다.　　→

① 문장의 형식을 생각하면서 각 단어의 문장성분을 파악합니다.

→ 그녀는 / 친절한 사람 / ~이다
　　주어　　　보어　　　　동사

② 영어 어순에 맞춰 어순을 재배치합니다.

　　1주어　　2동사　　3보어
→ 그녀는 / ~이다 / 친절한 사람

③ 동사의 <u>현재형</u>을 생각하면서 해당하는 영어 어휘를 떠올립니다.

　• ~이다 → is (be동사 중 3인칭 단수)

→ She / is / a kind person.

She is a kind person.

④ 반복 훈련을 통해, 영어 시제와 문장 형식의 감각을 익힙니다.

Q. 현재 시제를 사용하여 '나의 평상시 일요일'에 대해 이야기해 보세요.

A I usually get up late on Sunday. After getting up I have a late breakfast.
I like to have some bread and milk because it is simple to prepare.
Then I take a walk with my dog at the park.
When I don't have a special appointment, I usually take a rest at home.

나는 평상시 일요일에 늦게 일어납니다. 일어나면 나는 늦은 아침 식사를 합니다.
나는 간단하게 준비할 수 있기 때문에 빵과 우유 먹기를 좋아합니다.
그런 다음 내 개와 함께 공원에서 산책합니다.
특별한 약속이 없으면, 나는 보통 집에서 쉽니다.

기초 훈련 현재 시제 문장을 연습해 봅시다.

'**주어＋동사＋부가사항**'의 기본 패턴을 통해 다양한 현재 시제 문장을 익힙니다.

1. 나는 / 일어난다 / 일찍   → I get up early.

   나는 / 닦는다 / 이를   → I brush my teeth.

2. 나는 / 먹는다 / 아침을   → I eat breakfast.

   나는 / 간다 / 일하러   → I go to work.

3. 나는 / 일한다 / 열심히   → I work hard.

   그는 / 일어난다 / 일찍   → He gets up early.

4. 그는 / 닦는다 / 이를   → He brushes his teeth.

   그는 / 먹는다 / 아침을   → He eats breakfast.

5. 그는 / 간다 / 일하러   → He goes to work.

   그는 / 일한다 / 열심히   → He works hard.

익히기 주어진 단어를 참고하여 영작해 보세요.

정답 p.108

> **Words** 일하다 work / 회사 company / 좋아하다 like / 끓다 boil / 삼촌 uncle / 운동하다 exercise / 체육관 gym / 사계절 four seasons / 한국 Korea

1. 나는 작은 회사에서 <u>일한다</u>.
   현재
   _____

2. 나는 사과를 <u>좋아한다</u>.
   현재
   _____

3. 물은 100℃에서 <u>끓는다</u>.
   현재
   _____

4. 내 삼촌은 체육관에서 <u>운동한다</u>.
   현재
   _____

5. 한국에는 사계절이 <u>있다</u>.
   현재   (there is[are] ~)
   _____

문법 PLUS+

> ❗ **주어가 3인칭 단수인 경우**
>
> ✓ 동사원형 뒤에 -(e)s를 붙입니다.
>
>   ① 대부분의 동사 → 동사+-s : plays, runs, helps
>
>   The dog <u>barks</u> at me.
>   개가 나에게 짖는다.
>
>   It <u>smells</u> good.
>   냄새가 좋다.
>
>   ② -sh, -ch, -o 등으로 끝나는 동사 → 동사+-es : washes, watches, goes
>
>   He <u>watches</u> TV at night.
>   그는 밤에 TV를 본다.
>
>   Jane always <u>does</u> her homework after dinner.
>   제인은 항상 저녁식사 후에 숙제를 한다.
>
>   ③ 자음+y로 끝나는 동사 → y를 i로 바꾸고 -es를 붙임 : cries, studies
>
>   ④ have → has

말하기 훈련

▶ 확장 훈련 >

▶ C2U1-1

No.	Korean	English
1	내 양말에 / 구멍이 / 났다.	
hint	현재 / there is[are]~	hole 구멍
2	해는 / 동쪽에서 / 뜬다.	
hint	현재 / 3인칭 단수 현재형 / 뜨다 rise	east 동쪽(의)
3	우리는 / 범죄에 대항하여 / 싸운다.	
hint	현재 / 범죄 crime	against ~에 반대하여
4	영화배우들은 / 연기를 / 잘한다.	
hint	현재	act 행동(하다)
5	그 배는 / 물 위에 / 떠 있다.	
hint	현재 / 뜨다 float	above ~ 위에
6	어느 것이나 / 가능 / 하다.	
hint	현재 / 어느 것 anything	possible 가능한
7	내 친구는 / 가난 / 하다.	
hint	현재	poor 가난한, 가엾은, 서투른
8	그녀는 / 귀여운 신발을 / 가리킨다.	
hint	현재 / point at ~을 가리키다	point 가리키다, 점, 요점
9	나는 / 매일 / 부모님을 / 기쁘게 한다.	
hint	현재	please 기쁘게 하다, 부디
10	내 아들은 / 그의 장난감들을 가지고 / 논다.	
hint	현재	play 놀다, 경기하다, 연주하다, 연극

No.	Korean	English
11	나는 / 튤립을 / 심는다.	
hint	현재	plant (식물을) 심다, 식물, 공장
12	우리는 / 매주마다 / 파티를 / 계획한다.	
hint	현재	plan 계획(하다)
13	나는 / 이 장소를 / 좋아한다.	
hint	현재	place 장소, 위치, ~을 놓다
14	나는 / 점심 식사 후 / 케이크 한 조각을 / 먹는다.	
hint	현재	piece 조각, 한 개, 한 장
15	당신이 좋아하는 사탕을 / 고르세요.	
hint	현재 / (주어 생략)+동사+목적어	pick 고르다, (꽃 따위를) 따다

정답

1 There is a hole in my socks.
2 The sun rises from the east.
3 We fight against crime.
4 Movie stars act well.
5 The boat floats above water.
6 Anything is possible.
7 My friend is poor.
8 She points at the cute shoes.
9 I please my parents every day.
10 My son plays with his toys.

11 I plant the tulips.
12 We plan parties every week.
13 I like this place.
14 I eat a piece of cake after lunch.
15 Pick your favorite candy.

No.	Korean	English
1	그녀는 친절한 사람이다.	
hint		person 사람
2	사람들은 쇼핑을 즐긴다.	
hint	즐기다 enjoy +동명사 (shopping)	people 사람들
3	나는 내 컴퓨터를 고치기 위해 친구에게 지불한다.	
hint		pay 지불하다, 치르다, 급료
4	나는 매일 도서관을 지나간다.	
hint	~ 옆으로 지나가다 pass by	pass 지나가다, 합격하다, 건네 주다
5	내 생일 파티는 오늘이다.	
hint		party 파티, 일행, 정당
6	나는 그 영화의 저 부분을 좋아한다.	
hint		part 부분, 일부, 역할
7	나는 내 숙제를 프린트하기 위해 종이가 필요하다.	
hint		paper 종이
8	당신의 바지는 크다.	
hint		pants 바지
9	우리는 그 집을 페인트칠한다.	
hint		paint 페인트 (칠하다), 그리다
10	그 책은 페이지가 많이 있다.	
hint		page (책의) 쪽, 페이지

No.	Korean	English
11	나는 내 소유의 책들을 산다.	
hint		own 자기 자신의, 소유하다
12	그 쇼는 끝난다.	
hint		over 끝이 난, ~ 위에, ~ 이상
13	나는 치킨을 주문한다.	
hint		order 주문(하다), 명령(하다), 순서
14	나는 분홍색이나 녹색 셔츠를 좋아한다.	
hint		or 또는, 혹은
15	나는 당신의 의견을 존중한다.	
hint	존중하다 respect	opinion 의견

정답

1 She is a kind person.
2 People enjoy shopping.
3 I pay my friend to fix my computer.
4 I pass by the library every day.
5 My birthday party is today.
6 I like that part of the movie.
7 I need paper to print my homework.
8 Your pants are big.
9 We paint the house.
10 The book has many pages.

11 I buy my own books.
12 The show is over.
13 I order the chicken.
14 I like pink or green shirts.
15 I respect your opinion.

Unit 2. 과거

과거에 일어난 사건이나 행동을 표현할 때 사용하는 시제입니다.

동사의 과거형은 일반적으로 [현재형+(e)d] 형태인데, 모두 이렇게 바꿀 수 있는 것은 아닙니다.
불규칙 과거 동사는 따로 외워둬야 합니다.

▶ C2U2

문형 익히기

과거에 일어난 사건이나 행동

I / lived / in Seoul / 5 years ago.
나는 / 살았다 / 서울에 /   5년 전에

I / was / tired / yesterday.
나는 / 이었다 / 피곤한 / 어제

Tip
- live의 과거형 : live + (e)d = lived
- am, is의 과거형 : was(불규칙)

+① 과거의 습관

- My brother / often / told / lies / to my parents.
  내 남동생은 /   종종 /   말했다 / 거짓말을 / 우리 부모님에게

  Sunny Talk
  과거에 습관적으로 했던 일에 대해서도 과거 시제로 표현합니다.

  Tip
  - tell의 과거형 : told(불규칙)

+② 역사적 사실

- The Korean War / occurred / in 1950.
  한국 전쟁은 /   일어났다 /   1950년에

  Sunny Talk
  역사적 사실을 나타낼 때도 과거 시제를 사용합니다.

문장 만들기 과거 시제를 사용한 문장을 만들어 봅시다.

나는 어제 내 친구를 만났다. →

① 문장의 형식을 생각하면서 각 단어의 문장성분을 파악합니다.

→ 나는 / 어제 / 내 친구를 / 만났다
　 주어　 부가사항　목적어　　 동사

② 영어 어순에 맞춰 어순을 재배치합니다.

　 1주어　 2동사　 3목적어　　 4부가사항
→ 나는 / 만났다 / 내 친구를 / 어제

③ 동사의 <u>과거형</u>을 생각하면서 해당하는 영어 어휘를 떠올립니다.

· 만나다 → meet (meet의 과거형 met)

→ I / met / my friend / yesterday.

I met my friend yesterday.

④ 반복 훈련을 통해, 영어 시제와 문장 형식의 감각을 익힙니다.

Q. 과거 시제를 사용하여 '지난 일요일'에 대해 이야기해 보세요.

Ⓐ I got up at 9 last Sunday.
I had breakfast with my family, and we talked about our vacation plan.
I had an appointment with my friends.
I met them downtown, and we had dinner and drank beers. It was an enjoyable time.

나는 지난 일요일 9시에 일어났습니다.
나는 우리 가족과 아침 식사를 했고, 우리는 우리의 휴가 계획에 대해 이야기했습니다.
나는 내 친구들과 약속이 있었습니다.
나는 시내에서 그들을 만났고, 우리는 저녁 식사도 하고 맥주도 마셨습니다. 즐거운 시간이었습니다.

기초 훈련 과거 시제 문장을 연습해 봅시다.

'주어＋동사＋부가사항'의 기본 패턴을 통해 다양한 과거 시제 문장을 익힙니다.

1. 나는 / 일어났다 / 일찍 → I got up early.

   나는 / 닦았다 / 이를 → I brushed my teeth.

2. 나는 / 먹었다 / 아침을 → I ate breakfast.

   나는 / 갔다 / 일하러 → I went to work.

3. 나는 / 일했다 / 열심히 → I worked hard.

   그는 / 일어났다 / 일찍 → He got up early.

4. 그는 / 닦았다 / 이를 → He brushed his teeth.

   그는 / 먹었다 / 아침을 → He ate breakfast.

5. 그는 / 갔다 / 일하러 → He went to work.

   그는 / 일했다 / 열심히 → He worked hard.

익히기 주어진 단어를 참고하여 영작해 보세요.

정답 p.108

> Words 가지다 have-had / 회의 meeting / 지난주 last week / 학회 conference / 작년 last year /
> 가다 go-went / 느끼다 feel-felt / 슬픈 sad / 소식 news / 콜럼버스 Columbus /
> 발견하다 discover-discovered / 아메리카 (대륙) America

1. 나는 지난주에 회의를 가졌다.
   과거
   _____

2. 작년에 큰 학회가 있었다.
   과거
   _____

3. 나는 어제 서울에 갔다.
   과거
   _____

4. 나는 그 소식에 대해 슬프다고 느꼈다.
   과거
   _____

5. 콜럼버스가 아메리카 대륙을 발견했다.
   과거
   _____

문법 PLUS+

> ! be동사의 과거 시제
>
> | 현재형 | 과거형 |
> | --- | --- |
> | am, is | was |
> | are | were |
>
> ‼ 일반동사의 과거 시제
>
> ✓ 규칙 동사
>
> ① 대부분의 동사 → 동사원형+-ed : helped, played
>
> ② -e로 끝나는 동사 → 동사원형+-d : lived, liked
>
> ③ 자음+y로 끝나는 동사 → y를 i로 바꾸고 -ed를 붙임 : worried, cried
>
> ④ 단모음+단자음으로 끝나는 동사 → 자음을 한 번 더 쓰고 -ed를 붙임 : planned, stopped
>
> ✓ 불규칙 동사
> 동사의 변화가 불규칙하여 암기해 두세요. (참고 p.234~236)
> drink-drunk, write-wrote

말하기 훈련

* 다음 문장을 영작한 후, 정확하고 자연스럽게 말할 때까지
반복하여 따라 해 보세요.

▶ 확장 훈련 >

▶ C2U2-1

No.	Korean	English
1	그녀는 / 자신의 친구에게 / 선물을 / 사 줬다.	
hint	과거 / 사다 buy-bought	present 선물, 현재, 출석하고 있는
2	나는 / 예쁜 소녀를 / 만났다.	
hint	과거 / 만나다 meet-met	pretty 예쁜, 귀여운, 꽤, 상당히
3	그녀는 / 그 원피스의 가격을 / 확인했다.	
hint	과거 / 확인하다 check-checked	price 가격, 값, 대가
4	우리는 / 그 문제를 / 함께 / 해결했다.	
hint	과거 / 해결하다 solve-solved	problem 문제
5	크리스마스 프로그램은 / 재미있 / 었다.	
hint	과거 / ~이다 is-was / 재미있는 fun	program 프로그램, 진행 순서, 예정표
6	내 아기가 / 내 머리카락을 / 잡아당겼다.	
hint	과거 / 잡아당기다 pull-pulled	pull 잡아당기다, 끌다
7	나는 / 쇼핑 카트를 / 밀었다.	
hint	과거 / 밀다 push-pushed	push 밀다, 밀기
8	그 여왕은 / 성에 / 살았다.	
hint	과거 / 살다 live-lived / 성 castle	queen 여왕
9	나는 / 질문이 / 있었다.	
hint	과거 / 가지고 있다 have-had / 질문이 있다 → 질문을 가지고 있다	question 질문, 문제
10	음식 배달이 / 빨랐 / 다.	
hint	과거 / ~이다 is-was / 빠른 quick / 배달 delivery	quick 빠른

No.	Korean	English
11	지난주에 / 비가 왔다.	
hint	과거 / 비가 오다 rain-rained / 날씨 비인칭주어 it	rain 비(가 오다)
12	나는 / 책장에 있는 / 책에 / 닿을 수 있었다.	
hint	과거 / 할 수 있다 can-could / 책장 shelf	reach 닿다, 도착하다
13	내 아들은 / 오늘 / 학교에 갈 / 준비가 되어 / 있었다.	
hint	과거 / ~이다 is-was	ready 준비된
14	그녀는 / 자신의 친구에게 / 결석의 이유를 / 말했다.	
hint	과거 / 말하다 tell-told / 결석 absence	reason 이유, 이성(理性)
15	그녀는 / 결혼 선물을 / 받았다.	
hint	과거 / 받다 receive-received	receive 받다

정답

1 She bought her friend a present.

2 I met a pretty girl.

3 She checked the price of the dress.

4 We solved the problem together.

5 The Christmas program was fun.

6 My baby pulled my hair.

7 I pushed the shopping cart.

8 The queen lived in the castle.

9 I had a question.

10 The food delivery was quick.

11 It rained last week.

12 I could reach the book on the shelf.

13 My son was ready to go to school today.

14 She told her friend the reason for her absence.

15 She received a wedding gift.

No.	Korean	English
1	내 친구는 내 생일을 기억했다.	
hint		remember 기억하다, 생각해 내다
2	그녀는 자신의 실수를 반복했다.	
hint		repeat 반복하다, 되풀이하다
3	나는 내 상사에게 그 보고서를 보냈다.	
hint		report 보고(하다), 보도
4	나는 내 여동생의 결정을 존중했다.	
hint		respect 존중(하다), 존경(하다)
5	나는 지난 일요일에 쉬었다.	
hint		rest 쉬다, 휴식, (the-) 나머지
6	나는 내 책들을 도서관에 반납했다.	
hint		return 돌려주다, 돌아오다[가다], 복귀
7	우리 가족은 저녁으로 밥을 먹었다.	
hint		rice 밥, 쌀, 벼
8	나는 자전거를 타고 학교에 갔다.	
hint		ride (말, 탈것을) 타(고 가)다, 타기, 탐
9	우리 어머니가 옳았다.	
hint		right 옳은, 오른쪽의, 권리
10	우리는 강을 건너 수영했다.	
hint		river 강

No.	Korean	English
11	그 버스는 모퉁이 주변에 나타났다.	
hint		appear 나타나다
12	우리 아버지는 어제 집에 돌아오셨다.	
hint		back 뒤(로), 등
13	Jane은 갑자기 사라졌다.	
hint		disappear 사라지다
14	뭔가 이상한 일은 어제 일어났다.	
hint		happen 일어나다
15	나는 어제 내 다리를 다쳤다.	
hint		hurt 상처(를 입히다), 아프다

정답

1 My friend remembered my birthday.
2 She repeated her mistake.
3 I sent the report to my boss.
4 I respected my sister's decision.
5 I rested last Sunday.
6 I returned my books to the library.
7 My family ate rice for dinner.
8 I rode my bike to school.
9 My mother was right.
10 We swam across the river.

11 The bus appeared around the corner.
12 My father came back home yesterday.
13 Jane suddenly disappeared.
14 Something strange happened yesterday.
15 I hurt my leg yesterday.

Unit 3. 미래

미래의 계획이나 예상되는 일을 나타낼 때 사용합니다.

▶ C2U3   동사의 미래형은 [will+동사원형]으로 나타냅니다.

문형 익히기

미래의 계획이나 예상되는 일

The meeting / will finish / at 11 a.m.
회의는 /   끝날 것이다 /   오전 11시에

We / will talk / about an important matter.
우리는 / 이야기할 것이다 / 중요한 문제에 대해

+① 시간 부사로 미래 시제를 나타냄

· **I / will go / to the park / tomorrow.**
나는 / 갈 것이다 / 공원에 /   내일

· **This store / will close / at 9 p.m. / tomorrow.**
이 가게는 /   닫을 것이다 /   오후 9시에 /   내일

Sunny Talk
문장 뒤에 tomorrow, next week 등의
미래를 나타내는 부사가 함께 오기도 합니다.

문장 만들기 미래 시제를 사용한 문장을 만들어 봅시다.

| 나는 내일 내 방을 청소할 것이다. | → | |

① 문장의 형식을 생각하면서 각 단어의 문장성분을 파악합니다.

→ 나는 / 내일 / 내 방을 / 청소할 것이다
   주어   부가사항 목적어   동사

② 영어 어순에 맞춰 어순을 재배치합니다.

   1주어   2동사   3목적어   4부가사항
→ 나는 / 청소할 것이다 / 내 방을 / 내일

③ 동사의 <u>미래형</u>을 생각하면서 해당하는 영어 어휘를 떠올립니다.

   • 청소하다 → clean (clean의 미래형 will clean)

→ I / will clean / my room / tomorrow.

   I will clean my room tomorrow.

④ 반복 훈련을 통해, 영어 시제와 문장 형식의 감각을 익힙니다.

Q. 미래 시제를 사용하여 '이번 주 주말의 계획'에 대해 이야기해 보세요.

A I will tell you about my plan for this weekend. I will get up late on Sunday.
I will have a late breakfast. I will take a rest at home all day.
I will cook special dishes for my family, and I will have a good time with them.

당신에게 이번 주말의 내 계획에 대해 말할게요. 나는 일요일에 늦게 일어날 거예요.
늦은 아침 식사를 할 거예요. 나는 하루 종일 집에서 쉴 거예요.
나는 우리 가족을 위해 특별한 음식을 요리할 것이고, 그들과 함께 행복한 시간을 가질 거예요.

기초 훈련 미래 시제 문장을 연습해 봅시다.

'주어+동사+부가사항'의 기본 패턴을 통해 다양한 미래 시제 문장을 익힙니다.

1. 나는 / 일어날 것이다 / 일찍   →   I will get up early.

   나는 / 닦을 것이다 / 이를   →   I will brush my teeth.

2. 나는 / 먹을 것이다 / 아침을   →   I will eat breakfast.

   나는 / 갈 것이다 / 일하러   →   I will go to work.

3. 나는 / 일할 것이다 / 열심히   →   I will work hard.

   그는 / 일어날 것이다 / 일찍   →   He will get up early.

4. 그는 / 닦을 것이다 / 이를   →   He will brush his teeth.

   그는 / 먹을 것이다 / 아침을   →   He will eat breakfast.

5. 그는 / 갈 것이다 / 일하러   →   He will go to work.

   그는 / 일할 것이다 / 열심히   →   He will work hard.

익히기 주어진 단어를 참고하여 영작해 보세요.

정답 p.108

> **Words** 일본 Japan / 내년 next year / 숙제를 하다 do one's homework / 가족 family /
> 가족 파티 family party / 비가 오다 rain / 내일 tomorrow / 회의 meeting / 시작하다 start

1. 나는 내년에 일본으로 <u>갈 것이다</u>.

미래
   _____

2. 나는 내일 내 숙제를 <u>할 것이다</u>.

미래
   _____

3. 우리 가족은 가족 파티를 <u>가질 것이다</u>.

미래
   _____

4. <u>내일</u> 비가 올 것이다.

미래　　　(날씨를 나타내는 주어 it 사용)
   _____

5. 그 회의는 오전 10시에 <u>시작될 것이다</u>.

미래
   _____

문법 PLUS+

> **! 날짜·날씨·시간 등을 나타낼 때는 비인칭주어 it**
>
> ✓ 날짜·날씨·시간·명암 등 특정한 주어가 없는 문장에서는 비인칭주어 it을 사용합니다.
>
> <u>It</u> will snow a lot tomorrow.
> 내일 눈이 많이 올 것이다.
>
> <u>It</u> will take two hours.
> 두 시간이 걸릴 것이다.
>
> **!! 미래를 나타내는 다른 표현들**
>
> | 미래 표현 | 뜻 | 미래 표현 | 뜻 |
> |---|---|---|---|
> | be going to~ | ~할 것이다 | be supposed to~ | ~하기로 되어 있다 |
> | be about to~ | 막 ~하려고 하다 | be likely to~ | ~할 것 같다 |

말하기 훈련

* 다음 문장을 영작한 후, 정확하고 자연스럽게 말할 때까지 반복하여 따라 해 보세요.

▶ 확장 훈련 >

C2U3-1

No.	Korean	English
1	나는 / 건물 앞쪽으로 / 갈 것이다.	
hint	미래	front 앞(면), 앞의
2	나는 / 학교에 가기 위해 / 길을 / 건널 것이다.	
hint	미래 / 건너다 cross	road 길, 도로
3	그 꽃은 / 바위 옆에서 / 자랄 것이다.	
hint	미래 / 자라다 grow / 옆에 next to	rock 바위
4	그 로켓은 / 달로 / 갈 것이다.	
hint	미래	rocket 로켓
5	나는 / 내 방을 / 청소할 것이다.	
hint	미래	room 방, 여유
6	그 둥근 공은 / 몇 년 후에 / 납작해질 것이다.	
hint	미래 / 납작한, 평평한 flat / 몇 년 후에 in a few years	round 둥근, ～의 주위에, 처음부터 끝까지
7	우리는 / 규칙들을 / 지킬 것이다.	
hint	미래 / 지키다 keep	rule 규칙, 지배(하다)
8	나는 / 집에서 / 안전하다고 / 느낄 것이다.	
hint	미래	safe 안전한, 금고
9	내 언니는 / 자신의 스테이크에 / 소금을 / 뿌릴 것이다.	
hint	미래 / 뿌리다 put	salt 소금
10	나는 / 똑같은 셔츠를 / 살 것이다.	
hint	미래	same 똑같은

No.	Korean	English
11	나는 / 돈을 / 저축할 것이다.	
hint	미래	save 구하다, 저축하다, 절약하다
12	나는 / 곧 / "잘 가"라고 / 말할 것이다.	
hint	미래 / 작별 인사를 하다 say good-bye	say 말하다, ~라고 쓰여 있다
13	나는 / 오전 7시에 / 학교에 / 갈 것이다.	
hint	미래	school 학교, 수업
14	나는 / 내 과학 수업에 / 늦을 것이다.	
hint	미래 / 늦은 late	science 과학
15	계절이 / 곧 / 바뀔 것이다.	
hint	미래	season 계절, 시기

정답

1 I will go to the front of the building.
2 I will cross the road to go to school.
3 The flower will grow next to the rock.
4 The rocket will go to the moon.
5 I will clean my room.
6 The round ball will be flat in a few years.
7 We will keep the rules.
8 I will feel safe at home.
9 My sister will put salt on her steak.
10 I will buy the same shirt.

11 I will save money.
12 I will say "good-bye" soon.
13 I will go to school at 7 a.m.
14 I will be late to my science class.
15 The season will change soon.

▶ 집중 훈련 >>

C2U3-2

No.	Korean	English
1	우리 아버지는 날 위해 자리를 맡아 주실 것이다.	
hint	자리를 맡아주다 save a seat	seat 좌석, 의석, 자리, 착석시키다, 앉히다
2	내 딸은 밤에 별들을 볼 것이다.	
hint		see 보다, 만나다, 알다
3	그녀는 피곤해 보일 것이다.	
hint		seem ~처럼 보이다, ~으로 생각되다
4	나는 내 차를 팔 것이다.	
hint		sell 팔(리)다
5	우리 선생님은 나와 영어 문장들을 만들 것이다.	
hint		sentence 문장
6	당신은 심각한 문제에 직면할 것이다.	
hint	직면하다 face	serious 심각한, 진지한, 중대한
7	요리사는 오후 6시에 저녁 식사를 제공할 것이다.	
hint	요리사 chef	serve (음식을) 내다, 섬기다, 봉사하다
8	나는 테이블에 접시들을 놓을 것이다.	
hint		set 놓다, (해, 달이) 지다, 세트, 한 벌
9	나는 목걸이 몇 개를 살 것이다.	
hint		several 여럿의, 몇 사람[개]의
10	나는 배로 여행할 것이다.	
hint		ship 배

No.	Korean	English
11	나는 내 파란색 신발을 신을 것이다.	
hint	신다 wear	shoe 신발
12	나는 다음 주에 시간이 많을 것이다.	
hint	시간이 많다 → 많은 시간을 갖다	much (양이) 많은, 다량(의)
13	나는 일요일에 교회에 갈 것이다.	
hint		church 교회
14	우리는 내일 여기에서 만날 것이다.	
hint		here 여기에
15	나는 널 위해 줄을 설 것이다.	
hint	줄을 서다 stand in line	line 줄, 선, 전화(선)

정답

1 My father will save a seat for me.
2 My daughter will see the stars at night.
3 She will seem tired.
4 I will sell my car.
5 My teacher will make English sentences with me.
6 You will face a serious problem.
7 The chef will serve dinner at 6 p.m.
8 I will set the plates on the table.
9 I will buy several necklaces.
10 I will travel by ship.

11 I will wear my blue shoes.
12 I will have much time next week.
13 I will go to church on Sunday.
14 We will meet here tomorrow.
15 I will stand in line for you.

Unit 4. 현재진행

현재에 진행되는 행동을 강조할 때 사용하는 시제입니다.

동사의 현재진행형은 'be(am/are/is) 동사'에 '동사원형+ing'를 붙인 형태입니다.

▶ C2U4

문형 익히기

현재 진행중인 행동

I / am playing / soccer / with my friends.

나는 / 경기하고 있다 / 축구를 / 내 친구들과

My mother and I / are cooking / together.

우리 어머니와 나는 / 요리하고 있다 / 함께

+① 시간 부사로 현재 시제를 나타냄

· I / am watching / TV / now.

나는 / 보고 있다 / TV를 / 지금

· John / is having / a meeting / today.

John은 / 갖고 있다 / 회의를 / 오늘

· I / am doing / my homework / now.

나는 / 하고 있다 / 내 숙제를 / 지금

Sunny Talk
현재를 나타내는 부사 now, today 등이
함께 오기도 합니다.

+② 일시적으로 지속되는 행동

· I / am studying / English / these days.

나는 / 공부하고 있다 / 영어를 / 요즘

Sunny Talk
일시적으로 얼마간 지속되는 행동을
강조할 때도 현재진행형 시제가 쓰입니다.

문장 만들기 현재진행 시제를 사용한 문장을 만들어 봅시다.

나는 우리 어머니를 위해 편지를 쓰고 있다. →

① 문장의 형식을 생각하면서 각 단어의 문장성분을 파악합니다.

→ 나는 / 우리 어머니를 위해 / 편지를 / 쓰고 있다
　　주어　　　부가사항　　　　　목적어　　동사

② 영어 어순에 맞춰 어순을 재배치합니다.

　1주어　2동사　　　3목적어　4부가사항
→ 나는 / 쓰고 있다 / 편지를 / 우리 어머니를 위해

③ 동사의 <u>현재진행형</u>을 생각하면서 해당하는 영어 어휘를 떠올립니다.

• 쓰다 → write (write의 현재진행형 be+writing)

→ I / am writing / a letter / for my mother.

I am writing a letter for my mother.

④ 반복 훈련을 통해, 영어 시제와 문장 형식의 감각을 익힙니다.

Q. 현재진행 시제를 사용하여 '지금 상황'을 묘사해 보세요.

A It is raining hard outside today. So I am reading a book at home.
My father is reading the newspaper, and my mother is cooking for my family.
My two brothers are fighting with each other because of toys.

오늘은 밖에 비가 많이 오고 있습니다. 그래서 나는 집에서 책을 읽고 있습니다.
우리 아버지는 신문을 읽고 계시고, 우리 어머니는 가족을 위해 요리를 하고 계십니다.
내 남동생 둘은 장난감 때문에 서로 싸우고 있습니다.

기초 훈련 현재진행 시제 문장을 연습해 봅시다.

'**주어＋동사＋부가사항**'의 기본 패턴을 통해 다양한 현재진행 시제 문장을 익힙니다.

1. 나는 / 노래하고 있다   →   I am singing.

    나는 / 일하고 있다   →   I am working.

2. 나는 / 청소하고 있다   →   I am cleaning.

    나는 / 요리하고 있다   →   I am cooking.

3. 나는 / 먹고 있다   →   I am eating.

    나는 / 마시고 있다 / 물을   →   I am drinking water.

4. 나는 / 하고 있다 / 숙제를   →   I am doing my homework.

    나는 / 공부하고 있다 / 영어를   →   I am studying English.

5. 나는 / 읽고 있다 / 책을   →   I am reading a book.

    나는 / 보고 있다 / TV를   →   I am watching TV.

익히기 주어진 단어를 참고하여 영작해 보세요.

 p.108

> Words 일하다 work / 회사 company / 청소하다 clean / 개 dog / 짖다 bark / 밖에서 outside /
> 비가 오다 rain / 배우다 learn / 골프 golf / 요즘 these days

1. 나는 회사에서 일하는 중이다.
   현재진행   _____

2. 우리 가족은 집을 청소하고 있다.
   현재진행   _____

3. 밖에서 개가 짖고 있다.
   현재진행   _____

4. 밖에 비가 오고 있다.
   현재진행   (날씨를 나타내는 주어 it 사용)   _____

5. 우리 아버지는 요즘 골프를 배우고 계신다.
   현재진행   _____

문법 PLUS+

> **!** **과거진행 [was/were＋현재분사(동사원형＋ing)]**
>
> ✓ 과거 특정 시점에 진행하는 상황을 설명할 때 사용합니다.
>
> I was eating dinner when my father came home.
> 우리 아버지가 집에 돌아오셨을 때 나는 저녁을 먹고 있었다.
>
> **!!** **미래진행 [will be＋현재분사(동사원형＋ing)]**
>
> ✓ 미래 특정 시점에 진행하는 상황을 설명할 때 사용합니다.
>
> I will be waiting for you until you arrive there.
> 나는 네가 거기 도착할 때까지 기다리고 있을 것이다.

말하기 훈련

▶ 확장 훈련 >

▶ C2U4-1

No.	Korean	English
1	우리 부모님은 / 서로 / 손을 / 잡고 계신다.	
hint	현재진행 / 잡다 hold / 서로 each other	hand 손
2	그 소녀는 / 바이올린을 / 연주하고 있다.	
hint	현재진행 / 바이올린을 연주하다 play the violin	girl 소녀
3	나는 / 건강을 위해 / 건강에 좋은 음식을 / 먹고 있다.	
hint	현재진행 / 건강에 좋은 음식 healthy food	for ~을 위하여, ~동안, ~을 향하여
4	새는 / 하늘에서 / 날고 있다.	
hint	현재진행	fly 날다, 비행기로 가다, 파리
5	내 친구는 / 내 차를 / 고치고 있다.	
hint	현재진행	fix 수리하다, 고정시키다
6	나는 / 물로 / 잔을 / 채우고 있다.	
hint	현재진행	fill 채우다, 가득하다
7	우리 가족은 / 함께 / 책을 / 읽고 있다.	
hint	현재진행	family 가족
8	나는 / 지금 / 차를 / 운전하고 있다.	
hint	현재진행	drive 운전하다
9	내 딸은 / 그림을 / 그리고 있다.	
hint	현재진행	draw (그림을) 그리다
10	아이가 / 혼자 / 길을 / 건너고 있다.	
hint	현재진행	cross 횡단하다

No.	Korean	English
11	나는 / 지금 / 내 방을 / 청소하고 있다.	
hint	현재진행	clean 청소하다, 깨끗한
12	우리는 / 우리 어머니의 생신을 / 축하하고 있다.	
hint	현재진행	celebrate 축하하다
13	내 친구는 / 나 대신 / 내 가방을 / 메고 있다.	
hint	현재진행 / ~대신에 instead of	carry 나르다
14	가지들은 / 바람에 / 흔들리고 있다.	
hint	현재진행 / 흔들리다 sway	branch 가지, 지점
15	나는 / 샤워실에서 / 내 몸을 / 씻고 있다.	
hint	현재진행 / 씻다 wash	body 몸

정답

1 My parents are holding hands with each other.
2 The girl is playing the violin.
3 I am eating healthy food for my health.
4 The bird is flying in the sky.
5 My friend is fixing my car.
6 I am filling a glass with water.
7 My family is reading a book together.
8 I am driving a car now.
9 My daughter is drawing a picture.
10 A kid is crossing the street alone.

11 I am cleaning my room now.
12 We are celebrating my mother's birthday.
13 My friend is carrying my bag instead of me.
14 The branches are swaying in the wind.
15 I am washing my body in the shower room.

▶ 집중 훈련 >>　　　　　　　　　　　　　　　　　　　　　　**▶** C2U4-2

No.	Korean	English
1	나는 목욕하고 있다.	
hint	목욕하다 take a bath	bath 목욕
2	나는 이 길을 따라 걷고 있다.	
hint	걷다 walk	along ~을 따라, ~을 끼고
3	빗방울이 하늘에서 떨어지고 있다.	
hint	빗방울 rain drops	fall 떨어지다, 가을, (-s) 폭포
4	그 도둑은 집에서 도망치고 있다.	
hint	도둑 thief	escape 달아나다
5	내 언니는 그녀가 가장 좋아하는 노래를 부르고 있다.	
hint	노래 부르다 sing	song 노래
6	그녀는 물을 좀 마시고 있다.	
hint	마시다 drink	some 조금의, 어떤
7	나는 이 수학 문제를 풀고 있다.	
hint	풀다 solve	solve 풀다, 해결하다
8	나는 푹신한 이불을 빨고 있다.	
hint	빨다 wash	soft 푹신한, 부드러운, 온화한
9	저 차는 매우 천천히 가고 있다.	
hint		slow 느린, (시계가) 늦은, 느리게, 천천히
10	아기는 지금 자고 있다.	
hint		sleep 자다, 잠, 수면

No.	Korean	English
11	그는 빌딩의 옆을 페인트칠하고 있다.	
hint		side 옆(구리), 쪽
12	그녀는 자신이 가장 좋아하는 책을 내게 보여 주고 있다.	
hint		show 보여 주다, 안내하다
13	우리 아버지는 지금 소리 지르고 있다.	
hint		shout 외치다, 외침
14	나는 단편소설을 쓰고 있다.	
hint	단편소설 short story	short 짧은
15	사냥꾼이 늑대에게 총을 쏘고 있다.	
hint	사냥꾼 hunter / 늑대 wolf	shoot 사격하다

정답

1 I am taking a bath.
2 I am walking along the road.
3 Rain drops are falling from the sky.
4 The thief is escaping from the house.
5 My sister is singing her favorite song.
6 She is drinking some water.
7 I am solving this math problem.
8 I am washing the soft blanket.
9 That car is going very slow.
10 The baby is sleeping now.

11 He is painting the side of the building.
12 She is showing me her favorite book.
13 My father is shouting right now.
14 I am writing a short story.
15 The hunter is shooting the wolf.

C2U5

Unit 5. 현재완료

과거부터 현재까지 지속되는 행동, 또는 경험을 표현할 때 사용하는 시제입니다.

현재완료형은 [have+동사의 과거분사(동사원형+(e)d)] 형태인데, 동사의 불규칙 과거분사는 따로 외워둬야 합니다.

문형 익히기

현재까지 지속되는 행동이나 경험

I / have lived / in Busan / for 10 years.
나는 / 살아오고 있다 / 부산에서 / 10년 동안

I / have heard / about the news.
나는 / 들어본 적 있다 / 그 소식에 대해서

+① 계속되어 오던 동작의 완료

· I / have just finished / my homework.
나는 / 막 끝냈다 / 내 숙제를

· He / has finally published / his book.
그는 / 마침내 출판했다 / 그의 책을

Sunny Talk
과거부터 지금까지 해 온 동작이 지금 막 완료되었음을
강조할 때 현재완료 시제를 사용합니다.
현재완료 시제를 강조하는 'just 막, finally 마침내,
ever 한 번이라도' 등은 have와 과거분사 사이에
위치합니다.

문장 만들기 현재완료 시제를 사용한 문장을 만들어 봅시다.

나는 이 소설을 6개월째 써 오고 있다. →

① 문장의 형식을 생각하면서 각 단어의 문장성분을 파악합니다.

→ 나는 / 이 소설을 / 6개월째 / 써 오고 있다
   주어   목적어   부가사항   동사

② 영어 어순에 맞춰 어순을 재배치합니다.

    1주어   2동사   3목적어   4부가사항
→ 나는 / 써 오고 있다 / 이 소설을 / 6개월째

③ 동사의 <u>현재완료형</u>을 생각하면서 해당하는 영어 어휘를 떠올립니다.

• 쓰다 → write (write의 현재완료형 have written)

→ I / have written / this novel / for 6 months.

I have written this novel for 6 months.

④ 반복 훈련을 통해, 영어 시제와 문장 형식의 감각을 익힙니다.

Q. 현재완료 시제를 사용하여 '나의 특별한 경험들'에 대해 이야기해 보세요.

> **A** I have had various experiences since I was born.
> I have traveled unique places such as Africa and jungles in Mississippi with my parents.
> I have seen some natives there, and I have tried their food.
>
> 나는 태어나면서부터 다양한 경험들을 가져왔습니다.
> 나는 우리 부모님과 함께 아프리카와 미시시피의 정글처럼 독특한 곳을 여행한 적 있습니다.
> 나는 그곳에서 몇몇의 원주민들도 만났고, 그들의 음식도 먹어 본 적 있습니다.

기초 훈련 현재완료 시제 문장을 연습해 봅시다.

'주어＋동사＋부가사항'의 기본 패턴을 통해 다양한 현재완료 시제 문장을 익힙니다.

1. 나는 / 공부해 왔다 / 영어를 / 1년 동안 → I have studied English for 1 year.

   나는 / 쳐 왔다 / 피아노를 / 1년 동안 → I have played the piano for 1 year.

2. 나는 / 살아왔다 / 서울에 / 10년 동안 → I have lived in Seoul for 10 years.

   나는 / 일해 왔다 / 이 회사에서 / 10년 동안 → I have worked at this company for 10 years.

3. 나는 / 결혼해 왔다 / 10년 동안 → I have been married for 10 years.
   (결혼한 지 10년 되었다)

   나는 / 타 본 적 있다 / 말을 → I have ridden a horse.

4. 나는 / 먹어 본 적 있다 / 그 음식을 → I have eaten that food.

   나는 / 들어 본 적 있다 / 그 노래를 → I have heard that song.

5. 나는 / 본 적 있다 / 그 영화를 → I have watched that movie.

   나는 / 가 본 적 있다 / 파리에 → I have been to Paris.

익히기 주어진 단어를 참고하여 영작해 보세요.
 p.108

> Words 막 just / 도착하다 arrive-arrived-arrived / 회사 company / 마침내 finally /
> 찾다 find-found-found / 직업 job / 먹다 eat-ate-eaten / 김치 kimchi /
> 조깅하다 jog-jogged-jogged / ~동안 for / 일하다 work-worked-worked

1. Mr. Kim은 회사에 막 <u>도착했다</u>.
   현재완료
   (just는 have와 과거분사 사이 위치)

   _____

2. 나는 마침내 직업을 <u>찾았다</u>.
   현재완료
   (finally는 have와 과거분사 사이 위치)

   _____

3. 나는 김치를 <u>먹어 본 적 있다</u>.
   현재완료

   _____

4. 나는 5년 동안 <u>조깅해 오고 있다</u>.
   현재완료

   _____

5. 나는 10년 동안 이 회사에서 <u>일해 왔다</u>.
   현재완료

   _____

문법 PLUS+

> **! 과거완료 [had+과거분사(동사원형+(e)d)]**
>
> ✓ 과거보다 더 이전의 과거부터 과거까지 상태를 표현할 때 사용
>
>   I <u>had lived</u> in Seoul for 5 years before moving here.
>   이곳에 이사오기 전까지 서울에서 5년 동안 살았었다.
>
> **!! 미래완료 [will have+과거분사(동사원형+(e)d)]**
>
> ✓ 과거나 현재부터 미래의 특정 시점까지 상태를 표현할 때 사용
>
>   I <u>will have lived</u> in this house for 10 years next year.
>   내년이면 이 집에 <u>산 지</u> 10년이 된다.

말하기 훈련

* 다음 문장을 영작한 후, 정확하고 자연스럽게 말할 때까지 반복하여 따라 해 보세요.

▶ 확장 훈련 >

▶ C2U5-1

No.	Korean	English
1	나는 / 우산을 / 잃어버렸다.	
hint	현재완료 / 잃어버리다 lose-lost-lost	lose 잃어버리다, (시합에) 지다
2	나는 / 기타 치는 법을 / 1년 동안 / 배워 오고 있다.	
hint	현재완료 / 배우다 learn-learned-learned / 기타 치는 법 how to play the guitar	learn 배우다
3	나는 / 마침내 / 금메달을 / 땄다.	
hint	현재완료 / 따다 get-got-got / 마침내 finally	gold 금
4	나는 / 마침내 / 내 목표를 / 이루었다.	
hint	현재완료 / 이루다 achieve-achieved-achieved	goal 목표, 득점, 목적
5	나는 / 10년 동안 / 이 친구를 / 알아 오고 있다.	
hint	현재완료 / 알다 know-knew-known	friend 친구
6	나는 / 1년 동안 / 내 여자 친구와 / 데이트해 오고 있다.	
hint	현재완료 / 데이트하다 date-dated-dated	date 데이트(를 하다), 날짜, 약속
7	우리 가족은 / 10년 동안 / LA Dodgers를 / 응원해 오고 있다.	
hint	현재완료 / 응원하다 cheer-cheered-cheered	cheer 응원하다, 환호(하다)
8	나는 / 내 이메일들을 / 이미 / 확인했다.	
hint	현재완료 / 확인하다 check-checked-checked	check 점검(하다), 대조(하다), 수표
9	우리는 / 그 사건의 원인을 / 찾고 있다.	
hint	현재완료 / 찾다 find-found-found	cause 원인, 야기하다
10	나는 / 선물을 위한 / 상자를 / 이미 / 샀다.	
hint	현재완료 / 사다 buy-bought-bought	case 상자, 경우

No.	Korean	English
11	나는 / 이미 / 그곳에 / 가 본 적 있다.	
hint	현재완료 / ~이다 am-was-been	already 이미, 벌써
12	나는 / 3년 동안 / 합창단의 일원 / 이다.	
hint	현재완료 / ~이다 am-was-been	member 회원
13	우리 할아버지는 / 오랫동안 / 편찮아 / 오셨다.	
hint	현재완료 / ~이다 is-was-been / 오랫동안 for a long time	ill 병든, 나쁜
14	나는 / 좋은 생각이 / 났다.	
hint	현재완료 / 갖다 get-got-got	idea 생각, 관념
15	나는 / 길에서 / 심한 교통체증을 / 경험한 적 있다.	
hint	현재완료 / 경험하다 experience-experienced-experienced / 심한 교통체증 heavy traffic	heavy 심한, 무거운

정답

1 I have lost my umbrella.
2 I have learned how to play the guitar for 1 year.
3 I have finally got a gold medal.
4 I have finally achieved my goal.
5 I have known this friend for 10 years.
6 I have dated my girlfriend for 1 year.
7 My family has cheered for the LA Dodgers for 10 years.
8 I have already checked my emails.
9 We have found the cause of the accident.
10 I have already bought a case for a gift.

11 I have already been there.
12 I have been a member of the choir for 3 years.
13 My grandfather has been ill for a long time.
14 I have got a good idea.
15 I have experienced heavy traffic on the road.

No.	Korean	English
1	우리는 지금까지 생산성을 늘려 오고 있다.	
hint	생산성 productivity	increase 늘리다
2	나는 그 도시의 남쪽에서 살아 본 적 있다.	
hint		south 남쪽(의)
3	나는 집에서 이상한 소리를 들은 적 있다.	
hint		sound 소리
4	그녀는 자신의 실수에 미안하게 느껴 오고 있다.	
hint		sorry 미안한, 유감으로 생각하는
5	나는 할 일이 많이 있어 왔다.	
hint		so 그렇게, 그만큼, 매우, 그러므로
6	그녀는 부엌에서 연기를 본 적 있다.	
hint		smoke 연기, 담배 피우다
7	나는 그 향기를 맡아 본 적 있다.	
hint	향기 scent	smell 냄새 (맡다)
8	그 아기의 피부는 발진이 있어 왔다.	
hint	발진 rash	skin 피부, (동물의) 가죽
9	당신은 오랫동안 요리 기술을 가지고 있었다.	
hint	요리 기술 cooking skills	skill 솜씨, 숙련
10	당신의 사이즈가 가게에 막 도착했다.	
hint	막 just	size (옷 등의) 치수, 크기

No.	Korean	English
11	나는 내 미혼 생활을 즐겨 오고 있다.	
hint	미혼 생활 single life	single 독신의, 단 하나의
12	나는 간단한 보고서를 막 끝냈다.	
hint	막 just	simple 간단한, 단순한
13	나는 이것과 비슷한 그림을 본 적 있다.	
hint		similar 비슷한, 유사한
14	우리 할머니는 3년 동안 매우 편찮아 오셨다.	
hint		sick 병든, 싫증난
15	그것은 내가 본 것 중 최고의 사진이다.	
hint		ever 일찍이, 언젠가

정답

1 We have increased productivity so far.
2 I have lived in the south part of the city.
3 I have heard a strange sound at home.
4 She has felt sorry for her mistake.
5 I have had so many things to do.
6 She has seen smoke in the kitchen.
7 I have smelled the scent.
8 The baby's skin has had a rash.
9 You have had cooking skills for a long time.
10 Your size has just arrived at the store.

11 I have enjoyed my single life.
12 I have just finished the simple report.
13 I have seen a similar painting like this.
14 My grandmother has been very sick for 3 years.
15 It is the best picture I have ever seen.

Chapter 2.

확인하기

* 다음 문장이 다섯 가지 시제 중 어떤 시제에 해당하는지 표시하고, 주어진 단어를 사용하여 영작해 보세요.

ex. 나는 우리 가족을 사랑한다.   현재   *I love my family.*

확장 훈련 >

1. 나는 어제 매우 피곤했다.
    was

2. 나는 내일 학교에 갈 것이다.
    will go

3. 우리 아버지는 매일 바쁘시다.
    is

4. Amy는 일요일마다 파티에 간다.
    goes

5. 나는 지금 Jane을 기다리는 중이다.
    am waiting

6. 나는 어제 내 친구들을 만났다.
    met

7. 내 여동생은 지금 일본어를 공부하는 중이다.
    is studying

8. 나는 3년 동안 영어를 공부해 왔다.
    have studied

9. 세종대왕은 한글을 만들었다.
    made

10. 나는 5년 동안 테니스를 쳐 왔다.
    have played

Words 공부하다 study / 기다리다 wait / 만나다 meet / 만들다 make / 매우 very / 바쁜 busy / 세종대왕 King Sejong / 일본어 Japanese / (공을) 치다 play / 테니스 tennis / 파티 party / 피곤한 tired / 학교 school / 한글 Hangul

집중 훈련 >>

1. 나는 다음 주에 가족과 함께 <u>여행할 것이다</u>. [   ] _____

2. 나는 제주도에서 말을 <u>타 본 적 있다</u>. [   ] _____

3. 나는 방과 후 항상 영어 학원에 <u>간다</u>. [   ] _____

4. 나는 지난주에 가게에서 시계를 <u>샀다</u>. [   ] _____

5. 우리 가족은 요즘 행복<u>하다</u>. [   ] _____

6. Mrs. White는 그녀의 아들에게 편지를 [   ] _____
   <u>쓰고 있다</u>.

7. 나는 내년에 대학을 <u>졸업한다</u>. [   ] _____

8. 내 딸은 내년에 8살<u>이다</u>. [   ] _____

9. 우리 어머니는 지금 저녁 식사를 <u>준비하는</u> [   ] _____
   <u>중이시다</u>.

10. 내 누나는 10년 동안 서울에 <u>살아 오고 있다</u>. [   ] _____

11. 나는 요즘 운전 수업을 <u>받고 있다</u>. [   ] _____

12. 첫 기차는 6시 30분에 역을 <u>떠난다</u>. [   ] _____

13. 그녀는 종종 거짓말을 <u>했었다</u>. [   ] _____

14. 나는 내일 Tom과 테니스를 <u>칠 것이다</u>. [   ] _____

15. 나는 결혼한 지 3년 <u>되었다</u>. [   ] _____

Words 가게 store / 거짓말 lie / 결혼한 married / 말 horse / 방과 후 after school / 여행하다 travel /
역 station / 운전 수업 driving lesson / 제주도 Jeju Island / 졸업하다 graduate from / 종종 often /
준비하다 prepare / 타다 ride / 학원 academy

Unit 1. 현재 p.69

1. I work at a small company.
2. I like apples.
3. Water boils at 100°C.
4. My uncle exercises at the gym.
5. There are four seasons in Korea.

Unit 2. 과거 p.77

1. I had a meeting last week.
2. There was a big conference last year.
3. I went to Seoul yesterday.
4. I felt sad about the news.
5. Columbus discovered America.

Unit 3. 미래 p.85

1. I will go to Japan next year.
2. I will do my homework tomorrow.
3. My family will have a family party.
4. It will rain tomorrow.
5. The meeting will start at 10 a.m.

Unit 4. 현재진행 p.93

1. I am working at the company.
2. My family is cleaning the house.
3. The dog is barking outside.
4. It is raining outside.
5. My father is learning golf these days.

Unit 5. 현재완료 p.101

1. Mr. Kim has just arrived at the company.
2. I have finally found a job.
3. I have eaten kimchi.
4. I have jogged for 5 years.
5. I have worked at this company for 10 years.

확장 훈련 > p.106

1. 과거 | I was very tired yesterday.
2. 미래 | I will go to school tomorrow.
3. 현재 | My father is busy every day.
4. 현재 | Amy goes to the party every Sunday.
5. 현재진행 | I am waiting for Jane now.
6. 과거 | I met my friends yesterday.
7. 현재진행 | My sister is studying Japanese now.
8. 현재완료 | I have studied English for 3 years.
9. 과거 | King Sejong made Hangul.
10. 현재완료 | I have played tennis for 5 years.

집중 훈련 >> p.107

1. 미래 | I will travel with my family next week.
2. 현재완료 | I have ridden a horse in Jeju Island.
3. 현재 | I always go to the English academy after school.
4. 과거 | I bought a watch at a store last week.
5. 현재 | My family is happy these days.
6. 현재진행 | Mrs. White is writing her son a letter.
7. 미래 | I will graduate from college next year.
8. 미래 | My daughter will be 8 next year.
9. 현재진행 | My mother is preparing dinner now.
10. 현재완료 | My sister has lived in Seoul for 10 years.
11. 현재진행 | I am taking driving lessons these days.
12. 현재 | The first train leaves the station at 6:30.
13. 과거 | She often told lies.
14. 미래 | I will play tennis with Tom tomorrow.
15. 현재완료 | I have been married for 3 years.

Chapter 3.
의문문과 부정문

Q 영어의 의문문과 부정문 형식은 어떻게 되나요?

A 문장의 종류는 일반적으로 평서문, 의문문, 부정문, 감탄문으로
나눌 수 있습니다.
의문문은 기본적으로 [동사 + 주어 ~?] 어순이고,
부정문은 동사 뒤에 not을 붙입니다.

Sunny Talk
문장의 형식과 시제에서 평서문으로 공부했습니다.
이번 장에서는 의문문과 부정문을 어떻게 만드는지 알아보도록 하겠습니다.

문장의 종류	내용
평서문	사실을 서술하는 문장 Jane is busy today.
의문문	사실 여부를 묻거나, what/how/why 등의 의문사로 묻는 문장 Is Jane busy today? Why is Jane busy today?
부정문	사실을 부정하는 문장으로 보통 평서문에 대한 부정을 나타냄 Jane is not busy today.
감탄문	감탄을 나타낼 때 쓰는 문장 What a busy woman she is! How busy she is!

Unit 1. 의문문 ①

YesレNo로 대답할 수 있는 간단한 의문문에 대해 알아봅시다.

▶ C3U1

문형 익히기

평서문을 의문문으로 바꾸기

You / are / happy. → Are / you / happy?

너는 / ~이다 / 행복한   ~이니 / 너는 / 행복한

You / have / a book. → Do / you / have / a book?

너는 / 가지고 있다 / 책을   너는 / 가지고 있니 / 책을

+①   be동사+주어~?

· You / are / a student. → Are / you / a student?

너는 / ~이다 / 학생   ~이니 / 너는 / 학생

· He / was / busy / yesterday. → Was / he / busy / yesterday?

그는 / ~였다 / 바쁜 / 어제   ~였니 / 그는 / 바쁜 / 어제

Sunny Talk
be동사가 있는 문장에서는
주어와 be동사의 자리를 바꾸면 의문문이 됩니다.

+②   do[does/did]+주어+일반동사의 동사원형~?

· She / lives / in Seoul. → Does / she / live / in Seoul?
                                      동사원형

그녀는 / 산다 / 서울에   그녀는 / 사니 / 서울에

· Your friend / lived / in Busan. → Did / your friend / live / in Busan?
                                             동사원형

네 친구는 / 살았다 / 부산에   네 친구는 / 살았니 / 부산에

Sunny Talk
일반동사가 있는 문장은 주어 앞에 do를 붙여 의문문을 만드는데,
주어가 3인칭 단수이고 현재 시제일 경우 does, 과거 시제일
경우에는 did를 붙입니다. 이때 동사는 항상 동사원형을 써야 합니다.

문장 만들기 의문문을 만들어 봅시다.

1. 오늘은 특별한 날이에요?

→

① 문장의 형식을 생각하면서 평서문으로 만들어 봅니다.

→ 오늘은 / 특별한 날 / ~이다
　　주어　　　보어　　　동사

② 영어 어순에 맞춰 어순을 재배치합니다.

　　1주어　　2동사　　3보어
→ 오늘은 / ~이다 / 특별한 날

③ 해당하는 영어 어휘를 떠올려 평서문을 만들어 봅니다.

→ Today / is / a special day.

④ 주어와 be동사의 위치를 바꾸어 <u>의문문</u>을 완성합니다.

→ Is / today / a special day?

> Is today a special day?

2. 당신의 아들은 한국 음식을 좋아해요?

→

① 문장의 형식을 생각하면서 평서문으로 만들어 봅니다.

→ 당신의 아들은 / 한국 음식을 / 좋아한다
　　주어　　　　　목적어　　　　동사

② 영어 어순에 맞춰 어순을 재배치합니다.

　　1주어　　　　2동사　　　3목적어
→ 당신의 아들은 / 좋아한다 / 한국 음식을

③ 해당하는 영어 어휘를 떠올려 평서문을 만들어 봅니다.

→ Your son / likes / Korean food.

④ 일반동사 문장이므로 주어 앞에 do를 씁니다. 3인칭 단수 현재이므로 does를 쓰고 likes는 동사원형으로 만들어 <u>의문문</u>을 완성합니다.

→ Does / your son / like / Korean food?

> Does your son like Korean food?

Q. Yes / No로 대답할 수 있는 간단한 의문문을 사용하여 '새로 만난 친구'에게 질문해 보세요.

> **A** Hello! I want to know about you. Can I ask you some questions?
> Are you a student or do you have a job? Do you live in Seoul?
> Do you live with your family there? Do you have some hobbies?
>
> 안녕하세요! 나는 당신에 대해 알기를 원합니다. 제가 몇 가지 질문을 해도 될까요?
> 당신은 학생인가요 아니면 직업을 가지고 계세요? 당신은 서울에 살아요?
> 당신은 그곳에서 당신의 가족과 함께 살아요? 당신은 몇 가지 취미들을 가지고 있어요?

기초 훈련 의문문을 연습해 봅시다.

Yes나 No로 대답할 수 있는 다양한 **의문문**을 익힙니다.

1. 당신은 / 하다 / 행복   → You are happy.

   · 당신은 행복한가요?   → Are you happy?

2. 당신은 / 이다 / 바쁜   → You are busy.

   · 당신은 바쁜가요?   → Are you busy?

3. 당신은 / 이다 / 배고픈   → You are hungry.

   · 당신은 배고픈가요?   → Are you hungry?

4. 당신은 / 가지고 있다 / 직업을   → You have a job.

   · 당신은 직업을 가지고 있나요? → Do you have a job?

5. 당신은 / 좋아한다 / 여름을   → You like summer.

   · 당신은 여름을 좋아하나요?   → Do you like summer?

익히기 주어진 단어를 참고하여, 먼저 평서문으로 만든 다음, 의문문으로 바꿔 보세요. 정답 p.136

> Words 바쁜 busy / 요즘 these days / 가다, 다니다 go / 교회 church / 존경하다 respect /
> 선생님 teacher / 만나다 meet / 서울 Seoul

1. 당신은 요즘 바빠요?
   be동사(현재)

   평서문 _____

   의문문 _____

2. 그는 교회에 다녀요?
   일반동사(3인칭 단수 현재)

   평서문 _____

   의문문 _____

3. 당신은 당신의 선생님을 존경해요?
   일반동사(현재)

   평서문 _____

   의문문 _____

4. 당신은 어제 Jane을 만났어요?
   일반동사(과거)

   평서문 _____

   의문문 _____

5. 당신의 어머니는 어제 서울에 가셨어요?
   일반동사(과거)

   평서문 _____

   의문문 _____

문법 PLUS+

> **! 조동사가 있는 의문문**
>
> ✓ 조동사(can / could / may / might / will / would) : 조동사가 주어 앞으로 가서 의문문을 만듭니다.
>
> You <u>can</u> play tennis. → <u>Can</u> you play tennis?
> 당신은 테니스를 칠 수 있다.   당신은 테니스를 칠 수 있어요?

▶ **확장 훈련 >**   ▶ C3U1-1

No.	Korean	English
1	당신은 / 어제 / 설거지했어요?	
hint	일반동사 의문문 / 설거지하다 wash the dishes	wash 씻다, 세탁하다
2	당신의 아버지는 / 큰 목소리를 / 가지고 계신가요?	
hint	일반동사 의문문 / 가지다 have	voice 목소리
3	내가 / 당신의 펜을 / 쓸 수 있어요?	
hint	조동사 can 의문문	use 사용하다
4	리모컨은 / 소파 아래에 / 있어요?	
hint	be동사 의문문 / ~이 있다 there is[are] / 리모컨 remote / 소파 couch	under ~ 아래에
5	저를 위해 / 불을 / 켜 줄래요?	
hint	조동사 can 의문문 / ~을 켜다 turn on	turn 돌다, 회전, 차례
6	그 이유를 / 설명해 줄래요?	
hint	조동사 can 의문문	explain 설명하다
7	당신은 / 당신의 여름휴가 동안 / 여행할 거예요?	
hint	조동사 will 의문문 / 여행하다 travel	during ~ 동안
8	당신은 / 내일 / 시장에 / 갈 거예요?	
hint	조동사 will 의문문 / 시장 market	will ~일 것이다(미래)
9	부엌에 / 공간이 좀 / 있어요?	
hint	be동사 의문문 / ~이 있다 there is[are]	space 공간, 우주
10	스페인어를 / 말할 수 있어요?	
hint	조동사 can 의문문 / 스페인어 Spanish	speak 말하다, 연설하다

No.	Korean	English
11	오늘은 / 특별한 날 / 이에요?	
hint	be동사 의문문	special 특별한
12	그 꽃들은 / 봄에 / 예뻐 / 요?	
hint	be동사 의문문	spring 봄, 샘, 용수철
13	당신은 / 영어를 공부하기로 / 결심했어요?	
hint	일반동사 의문문	decide 결정하다
14	당신의 딸은 / 공주 이야기를 / 좋아해요?	
hint	일반동사 의문문 / 공주 이야기 princess story	story 이야기, (건물의) 층
15	당신도 / 역시 / 콜라를 / 좋아해요?	
hint	일반동사 의문문 / ~도 역시 too	too ~도 역시

정답

1 Did you wash the dishes yesterday?

2 Does your father have a loud voice?

3 Can I use your pen?

4 Is there a remote under the couch?

5 Can you turn on the light for me?

6 Can you explain the reason?

7 Will you travel during your summer vacation?

8 Will you go to the market tomorrow?

9 Is there any space in the kitchen?

10 Can you speak Spanish?

11 Is today a special day?

12 Are the flowers pretty in the spring?

13 Did you decide to study English?

14 Does your daughter like princess stories?

15 Do you like coke too?

No.	Korean	English
1	당신의 아들은 영어를 공부해요?	
hint		study 공부하다
2	저 개는 어리석은가요?	
hint		stupid 어리석은
3	우리는 오늘 밤에 축구 할 수 있을까요?	
hint		tonight 오늘 밤
4	누군가 당신에게 수학 공부하기를 제안했어요?	
hint		suggest 제의하다, 암시하다
5	그것을 먹고 싶다는 것 확실해요?	
hint		sure 확실한, 믿을 수 있는, 확실히, 물론
6	당신은 깜짝 파티를 좋아해요?	
hint	깜짝 파티 surprise party	surprise 놀라게 하다, 놀람
7	내 책을 학교로 가져다줄래요?	
hint		take ~을 가지고[데리고] 가다, 잡다
8	초콜릿은 맛이 좋아요?	
hint		taste 맛, 취미, ~한 맛이 있다
9	당신은 당신의 아들에게 읽는 법을 가르쳤어요?	
hint	읽는 법 how to read	teach 가르치다
10	그녀는 대부분의 아이들보다 똑똑해요?	
hint	대부분의 아이들 most children	than ~보다

No.	Korean	English
11	리모컨이 거기에 있어요?	
hint		there 거기
12	당신은 내가 예쁘다고 생각해요?	
hint		think 생각하다
13	오늘 우리 함께 저녁 식사를 할 수 있어요?	
hint		together 함께
14	운동할 시간이 충분해요?	
hint		time 시간, 때, (-s) ～회, ～배(倍)
15	당신은 공을 던질 수 있어요?	
hint		throw 던지다

정답

1 Does your son study English?
2 Is that dog stupid?
3 Can we play soccer tonight?
4 Did someone suggest you study math?
5 Are you sure you want to eat that?
6 Do you like surprise parties?
7 Will you take my book to school?
8 Does chocolate taste good?
9 Did you teach your son how to read?
10 Is she smarter than most children?

11 Is the remote over there?
12 Do you think I am pretty?
13 Can we eat dinner together today?
14 Is there enough time to exercise?
15 Can you throw the ball?

Unit 2. 의문문 ②

의문사를 사용한 의문문에 대해 알아봅시다.

의문사에는 where / when / what / why / how / who / whom 이 있습니다.

문형 익히기

의문사＋be 동사＋주어 ～?

Are / you / happy?　→　Why / are / you / happy?

～이니 / 너는 / 행복한　　왜 /　　～이니 / 너는 / 행복한

의문사＋do [does / did]＋주어＋동사원형 ～?

Do / you / have / a book?　→　Why / do / you / have / a book?

너는 / 가지고 있니 / 책을　　왜 /　　너는 / 가지고 있니 / 그 책을

+①　일반 의문사 의문문

· Where / do / you / live?

어디에 /　　　너는 /　사니

· When / are / you / busy?

언제 /　～이니 / 너는 / 바쁜

Sunny Talk

의문사(where 어디, when 언제, what 무엇, why 왜, how 어떻게, whom 누구를)는 Unit 11에서 배운 것처럼 기본적인 의문문 어순으로 만든 다음 문장의 맨 앞에 놓습니다.

+②　의문사가 주어로 사용된 의문문 : who / what ＋동사 ～?

· Who / has / my book?

누가 /　　가지고 있니 / 내 책을

· What / happened?

무슨 일이 / 일어났니

문장 만들기 의문문을 만들어 봅시다.

1. 당신은 언제 당신의 친구들을 만나요?

→

① 문장의 형식을 생각하면서 평서문으로 만들어 봅니다.

→ 당신은 / 당신의 친구들을 / 만나다
   주어   목적어   동사

② 영어 어순에 맞춰 어순을 재배치합니다.

   1주어   2동사   3목적어
→ 당신은 / 만난다 / 당신의 친구들을

③ 해당하는 영어 어휘를 떠올려 평서문을 만들어 봅니다.

→ You / meet / your friends.

④ 일반동사 문장이므로 문장 앞에 do를 써서 의문문을 만들어 봅니다.

→ Do / you / meet / your friends?

⑤ 문장 앞에 '언제'에 해당하는 의문사 when을 붙여 의문문을 완성합니다.

→ When / do / you / meet / your friends?

> When do you meet your friends?

2. 누가 이 나무를 심었어요?

→

① 문장의 형식을 생각하면서 영어 어순에 맞춰 어순을 재배치합니다.

   1주어   2동사   3목적어
→ 누가 / 심었어요 / 이 나무를

② 해당하는 영어 어휘를 떠올려 의문문을 완성합니다. '누구'에 해당하는 의문사 who가 들어가기 때문에 의문사가 주어인 의문문이 됩니다.

· 누구 → who

→ Who / planted / this tree?

> Who planted this tree?

Q. 의문사 의문문을 사용하여 '새로 만난 친구'에게 질문해 보세요.

A Hello! I want to know about you. Can I ask you some questions?
Where do you live? When did you move here? Why did you move here?
Where do you work? What is your hobby?

안녕하세요! 나는 당신에 대해 알기를 원합니다. 제가 몇 가지 질문을 해도 될까요?
당신은 어디에 살아요? 언제 이곳으로 이사왔어요? 왜 이곳으로 이사오게 됐어요?
당신은 어디에서 일해요? 당신의 취미는 무엇이에요?

기초 훈련 의문사 의문문을 연습해 봅시다.

의문사를 사용한 다양한 **의문문**을 익힙니다.

1. 당신은 / 하다 / 행복   → You are happy.

   · 당신은 행복한가요?   → Are you happy?

   · 당신은 언제 행복한가요? → When are you happy?

2. 당신은 / 이다 / 바쁜   → You are busy.

   · 당신은 바쁜가요?   → Are you busy?

   · 당신은 왜 바쁜가요?   → Why are you busy?

3. 당신은 / 산다 / 서울에   → You live in Seoul.

   · 당신은 서울에 사나요? → Do you live in Seoul?

   · 당신은 어디에 사나요? → Where do you live?

익히기 주어진 단어를 참고하여, 먼저 평서문으로 만든 다음, 의문문으로 바꿔 보세요. **정답** p.136

> *Words* 공부하다 study / 영어 English / 살다 live / 서울 Seoul / 행복한 happy / 참석하다 attend /
> 회의 meeting / 알다 know / 소식 news

1. 당신은 왜 영어를 공부해요?
   의문사   일반동사

   평서문 _____

   의문문 _____

2. 당신은 서울 어디에 사세요?
   의문사   일반동사

   평서문 _____

   의문문 _____

3. 당신은 언제 행복해요?
   의문사   be동사

   평서문 _____

   의문문 _____

4. 오늘 누가 그 회의에 참석했어요?
   의문사   일반동사

   의문문 _____

5. 당신은 어떻게 그 소식을 알게 되었어요?
   의문사   일반동사

   평서문 _____

   의문문 _____

문법 PLUS +

> **! 두 단어 이상으로 된 의문사**
>
> ✓ 통째로 의문사로 간주하여 그 뒤에 [조동사/be동사+주어~]가 옵니다.

의문사	예문
how much	How much is this car? 이 자동차는 얼마예요?
how many people	How many people are there in your family? 당신의 가족은 몇 명이에요?
how long	How long does it take to go to Seoul? 서울에 가는데 얼마나 걸려요?
how often	How often do you visit your parents? 당신은 당신의 부모님을 얼마나 자주 방문해요?
what kind of+명사	What kind of sports do you like? 당신은 어떤 종류의 스포츠를 좋아해요?
which+명사	Which season do you like? 당신은 어떤 계절을 좋아해요?

▶ 확장 훈련 >

▶ C3U2-1

No.	Korean	English
1	당신은 / 그 단어의 스펠링을 / 어떻게 / 써요?	
hint	how 의문문	spell 철자하다
2	당신은 / 주말을 / 어떻게 / 보내요?	
hint	how 의문문	spend (시간을) 보내다, (돈을) 소비하다
3	당신이 가장 좋아하는 가수는 / 누구 / 예요?	
hint	who 의문문	who 누구
4	당신은 / 언제 / 떠날 / 계획이에요?	
hint	when 의문문	when 언제, ~할 때
5	당신은 / 언제 / 캘리포니아 주(州)로 이사 왔어요?	
hint	when 의문문	state (미국의) 주(州), 상태, 국가
6	당신은 / 어제 / 어디에 / 갔어요?	
hint	where 의문문	where 어디
7	당신은 / 얼마나 오래 / 뉴욕에 / 머무를 거예요?	
hint	how 의문문 / how long 얼마나 오래	stay 머무르다, 체류(하다)
8	당신은 / 내 의견에 대해 / 어떻게 / 생각해요?	
hint	what 의문문	what 무엇, ~것
9	가게가 / 어디에 / 있어요?	
hint	where 의문문	store 가게, 상점, 저장하다
10	누가 / 생머리를 / 가지고 있어요?	
hint	who 의문문	straight 똑바른, 똑바로

No.	Korean	English
11	이 이상한 냄새는 / 무엇 / 이죠?	
hint	what 의문문	strange 이상한, 낯선
12	당신은 / 왜 / 파리에 / 가고 싶어요?	
hint	why 의문문	why 왜
13	당신은 / 성공하기 위해 / 무엇을 / 했어요?	
hint	what 의문문	succeed 성공하다
14	누가 / 달콤한 사탕을 / 좋아해요?	
hint	who 의문문	sweet 단, 향기로운, 기분 좋은
15	이 책에 대한 / 당신의 생각은 / 어때 / 요?	
hint	what 의문문	thought 생각, 사상, think의 과거(분사)

정답

1 How do you spell that word?
2 How do you spend your weekend?
3 Who is your favorite singer?
4 When do you plan to leave?
5 When did you move to the State of California?
6 Where did you go yesterday?
7 How long will you stay in New York?
8 What do you think about my idea?
9 Where is the store?
10 Who has straight hair?

11 What is this strange smell?
12 Why do you want to go to Paris?
13 What did you do to succeed?
14 Who likes sweet candies?
15 What are your thoughts about this book?

No.	Korean	English
1	누가 당신 아들의 신발 끈을 매요?	
hint		tie 매다, 묶다, 비기다, 넥타이
2	누가 내일 나와 영화를 볼 거예요?	
hint	영화를 보다 watch a movie	tomorrow 내일
3	왜 개가 나를 향해 뛰어왔죠?	
hint		toward ~을 향하여, ~쪽으로
4	왜 이 마을은 매우 조용하죠?	
hint		town 읍, 도시
5	당신의 언니는 언제 유럽으로 여행할 거예요?	
hint		travel 여행(하다)
6	누가 이 나무를 심었어요?	
hint		tree 나무
7	어느 방에서 머물고 계세요?	
hint		which 어느 (쪽), 어느 것
8	당신은 무엇을 기다리고 있어요?	
hint		wait 기다리다
9	왜 아직 일하고 계세요?	
hint		still 아직, 고요한
10	당신은 언제 영어 배우는 것을 시작했어요?	
hint		start 시작하다

No.	Korean	English
11	기차역이 어디예요?	
hint		station 역, 서(署), 국(局)
12	차 옆에 누가 서 있어요?	
hint	차 옆에 by the car	stand 서다, 참다
13	왜 이 거리는 이렇게 좁은가요?	
hint		street 거리
14	당신은 그 이메일을 언제 썼나요?	
hint		write 쓰다
15	당신에게 뭐가 잘못된 거예요?	
hint		wrong 나쁜, 틀린

정답

1   Who ties your son's shoes?
2   Who will watch a movie with me tomorrow?
3   Why did the dog run toward me?
4   Why is the town so quiet?
5   When will your sister travel to Europe?
6   Who planted this tree?
7   Which room are you staying in?
8   What are you waiting for?
9   Why are you still working?
10 When did you start learning English?

11 Where is the train station?
12 Who is standing by the car?
13 Why is the street so narrow?
14 When did you write that email?
15 What is wrong with you?

Unit 3. 부정문

be동사와 일반동사의 부정문 만드는 방법은 차이가 있는 것에 주의합니다.

문형 익히기

주어+be동사+not~

I / am / happy. → I / am not / happy.
나는 / ~이다 / 행복한　　나는 / ~이지 않다 / 행복한

주어+do not+동사원형~

I / have / a book. → I / do not have / a book.
나는 / 가지고 있다 / 책을　　나는 / 가지고 있지 않다 / 책을

+① be동사 부정문

· You / are / my friend. → You / aren't / my friend.
　너는 / ~이다 / 내 친구　　　너는 / ~이 아니다 / 내 친구

· He / was / my teacher. → He / wasn't / my teacher.
　그는 / ~이다 / 우리 선생님　　그는 / ~이 아니다 / 우리 선생님

Sunny Talk
be동사 뒤에 not을 붙여 부정문을 만드는데,
aren't, wasn't처럼 축약해서 쓰기도 합니다.

+② 일반동사 부정문

· She / lives / in Seoul. → She / doesn't live / in Seoul.
　그녀는 / 산다 / 서울에　　　　　동사원형
　　　　　　　　　　　　　그녀는 / 살지 않는다 / 서울에

· My friend / lived / in Busan. → My friend / didn't live / in Busan.
　내 친구는 / 살았다 / 부산에　　　　　　동사원형
　　　　　　　　　　　　　　내 친구는 / 살지 않았다 / 부산에

Sunny Talk
일반동사 앞에 'do not(현재형)/ does not(3인칭 단수 현재형)/
did not(과거형)'을 붙이고, 동사는 동사원형으로 바꿉니다.
'don't, doesn't, didn't'처럼 축약해서 쓰기도 합니다.

문장 만들기 부정문을 만들어 봅시다.

1. 그것은 실제 이야기가 아니다.

→

① 문장의 형식을 생각하면서 평서문으로 만들어
   봅니다.
   → 그것은 / 실제 이야기 / ~이다
      주어   보어   동사

② 영어 어순에 맞춰 어순을 재배치합니다.
      1주어   2동사   3보어
   → 그것은 / ~이다 / 실제 이야기

③ 해당하는 영어 어휘를 떠올려 평서문을 만들어
   봅니다.
   → It / is / a true story.

④ be동사 뒤에 not을 붙여 <u>부정문</u>을 완성합니다.
   → It / is not / a true story.

   It isn't a true story.

2. 내 아들은 채소를 좋아하지 않는다.

→

① 문장의 형식을 생각하면서 평서문으로 만들어
   봅니다.
   → 내 아들은 / 채소를 / 좋아한다
      주어   목적어   동사

② 영어 어순에 맞춰 어순을 재배치합니다.
      1주어   2동사   3목적어
   → 내 아들은 / 좋아한다 / 채소를

③ 해당하는 영어 어휘를 떠올려 평서문을 만들어
   봅니다.
   → My son / likes / vegetables.

④ 일반동사 likes가 3인칭 단수 현재이므로
   동사 앞에 does not을 붙이고 likes는
   동사원형으로 바꾸어 <u>부정문</u>을 완성합니다.
   → My son / does not like / vegetables.

   My son doesn't like vegetables.

Q. 부정문을 사용하여 '내가 좋아하지 않는 것들'에 대해 이야기해 보세요.

A I don't usually get up early in the morning. But I don't like to be late.
So I am not late to work all the time.
I don't have breakfast, and I don't exercise in the morning.

나는 보통 아침에 일찍 일어나지 않습니다. 그러나 지각하는 것을 좋아하지 않습니다.
그래서 항상 출근하는데 늦지 않습니다.
나는 아침 식사를 하지 않고, 아침에 운동하지도 않습니다.

기초 훈련 부정문을 연습해 봅시다.

'be동사'와 '조동사 do'를 사용한 다양한 **부정문**을 익힙니다.

1. 당신은 / 이다 / 화난   → You are angry.

   · 당신은 화나지 않았다.   → You are not angry.

2. 당신은 / 이다 / 바쁜   → You are busy.

   · 당신은 바쁘지 않다.   → You are not busy.

3. 당신은 / 이다 / 배고픈   → You are hungry.

   · 당신은 배고프지 않다.   → You are not hungry.

4. 당신은 / 가지고 있다 / 펜을   → You have a pen.

   · 당신은 펜을 가지고 있지 않다. → You don't have a pen.

5. 당신은 / 좋아한다 / 여름을   → You like summer.

   · 당신은 여름을 좋아하지 않는다. → You don't like summer.

익히기 주어진 단어를 참고하여 영작해 보세요. p.136

> Words 남동생 brother / 가지다 have / 자전거 bike / 가다, 다니다 go / 교회 church / 학생 student / 숙제 homework / 참석하다 attend / 회의 meeting

1. 내 남동생은 자전거를 가지고 있지 않다.
   일반동사
   _____

2. 나는 교회에 다니지 않는다.
   일반동사
   _____

3. 나는 학생이 아니다.
   be동사
   _____

4. 나는 어제 내 숙제를 하지 않았다.
   일반동사
   _____

5. Mr. Kim은 어제 그 회의에 참석하지 않았다.
   일반동사
   _____

문법 PLUS+

> **! 부정형의 축약**
>
> ✓ 축약형을 자주 사용하게 되므로 꼭 기억해야 합니다.

부정형	축약형	부정형	축약형
is not	isn't	do not	don't
are not	aren't	does not	doesn't
was not	wasn't	did not	didn't
were not	weren't	am not은 보통 축약하지 않음	

말하기 훈련

* 다음 문장을 영작한 후, 정확하고 자연스럽게 말할 때까지 반복하여 따라 해 보세요.

▶ 확장 훈련 >

▶ C3U3-1

No.	Korean	English
1	그것은 / 실제 이야기가 / 아니다.	
hint	be동사 부정문	true 진실한
2	내 아들은 / 학교에서 / 열심히 / 노력하지 않는다.	
hint	일반동사 부정문	try 노력하다, 해 보다
3	나는 / 그 영화를 / 두 번 / 보지 않았다.	
hint	일반동사 부정문	twice 두 번, 두 배로
4	나는 / 당신의 기분을 / 이해할 수 없다.	
hint	조동사 can 부정문 / 기분 feeling	understand 이해하다, 알다
5	나는 / 오후 4시까지 / 당신을 / 도울 수 없다.	
hint	조동사 can 부정문	until ~까지
6	나는 / 지금 / 일어날 수 없다.	
hint	조동사 can 부정문 / 일어나다 stand up	up 위에
7	내 아들은 / 채소를 / 좋아하지 않는다.	
hint	일반동사 부정문	vegetable 채소
8	나는 / 별로 / 바쁘지 / 않다.	
hint	be동사 부정문	very 매우
9	나는 / 오늘 / 우리 할머니를 / 방문할 수 없다.	
hint	조동사 can 부정문	visit 방문(하다)
10	내 형은 / 학교에 / 걸어가지 않는다.	
hint	일반동사 부정문	walk 걷다

No.	Korean	English
11	나는 / 아이스크림을 / 먹고 싶지 않다.	
hint	일반동사 부정문	want 원하다
12	오늘은 / 따뜻하지 않다.	
hint	be동사 부정문 / 날씨 비인칭주어 it	warm 따뜻한
13	내 누나는 / 영화 보는 것을 / 좋아하지 않는다.	
hint	일반동사 부정문	watch (지켜)보다, 손목시계
14	나는 / 요즘 / 피곤하다고 / 느끼지 않는다.	
hint	일반동사 부정문	tired 피곤한, 지친
15	내 딸은 / 원피스 입는 것을 / 좋아하지 않는다.	
hint	일반동사 부정문	wear 입다, 착용하다

정답

1 It is not a true story.

2 My son does not try hard in school.

3 I did not watch the movie twice.

4 I cannot understand your feelings.

5 I cannot help you until 4 p.m.

6 I cannot stand up now.

7 My son does not like vegetables.

8 I am not very busy.

9 I cannot visit my grandmother today.

10 My brother does not walk to school.

11 I do not want to eat ice cream.

12 It is not warm today.

13 My sister does not like to watch movies.

14 I do not feel tired these days.

15 My daughter does not like to wear dresses.

No.	Korean	English
1	나는 노래를 잘 못한다.	
hint		well 잘, 건강한, 우물, 글쎄
2	그 수건은 별로 젖지 않았다.	
hint		wet 젖은
3	나는 피자 한 판을 다 먹을 수 없다.	
hint	피자 한 판 whole pizza	whole 전체(의), 고스란히, 전부
4	그 도로는 넓지 않다.	
hint	도로 road	wide 넓은, 널리
5	그 팀은 경기에 이기지 않았다.	
hint		win 이기다, 얻다
6	바람은 세게 불지 않는다.	
hint	불다 blow / 세게 hard	wind 바람
7	그 새는 큰 날개를 가지고 있지 않다.	
hint		wing 날개
8	그 학생은 현명하지 않다.	
hint		wise 현명한
9	나는 내 누나와 함께 쇼핑 가지 않았다.	
hint	쇼핑 가다 go shopping	with ~와 함께
10	나는 당신 없이 살 수 없다.	
hint		without ~ 없이

No.	Korean	English
11	우리는 불을 피우기 위해 나무가 더 이상 필요하지 않다.	
hint		wood 나무, (-s) 숲
12	나는 동물원에서 일하지 않는다.	
hint		work 일(하다), 작품
13	세상은 작지 않다.	
hint		world 세계
14	나는 내 숙제에 대해 걱정하지 않는다.	
hint		worry 걱정하다
15	노란색은 내가 좋아하는 색이 아니다.	
hint	좋아하는 색 favorite color	yellow 노란색(의), 노랑

정답

1 I cannot sing a song well.

2 The towel is not very wet.

3 I cannot eat a whole pizza.

4 The road is not wide.

5 The team did not win the game.

6 The wind does not blow hard.

7 The bird does not have big wings.

8 The student is not wise.

9 I did not go shopping with my sister.

10 I cannot live without you.

11 We do not need any more wood for the fire.

12 I do not work at the zoo.

13 The world is not small.

14 I do not worry about my homework.

15 Yellow is not my favorite color.

* 주어진 단어를 사용하여 be동사와 일반동사를 사용한 의문문과 그 대답을 영작해 보세요.

ex. 당신은 사과를 좋아하나요?   Do you like apples?

네, 사과를 좋아합니다.   Yes, I like apples.

아니요, 사과를 좋아하지 않습니다.   No, I don't like apples.

확장 훈련 >

1. 당신은 배불러요?
   네, 배부릅니다.

2. 당신은 목말라요?
   아니요, 목마르지 않습니다.

3. 당신의 아들이 아파요?
   네, 아픕니다.

4. 이 여자 분이 당신의 딸이에요?
   아니요, 제 딸이 아닙니다.

5. 그 영화는 재미있어요?
   아니요, 재미없습니다.

6. 당신은 영어를 좋아해요?
   네, 좋아합니다.

7. Tom은 아파트에 살아요?
   아니요, 아파트에 살지 않습니다.

8. 그녀는 록음악을 좋아했어요?
   네, 좋아했습니다.

Words 딸 daughter / 록음악 rock music / 목마른 thirsty / 배부른 full / 아파트 apartment / 아픈 sick / 여자 woman / 영화 movie / 재미있는 fun

* 앞에서 배운 의문문과 부정문을 활용하여 다음을 영작해 보세요.

ex. 그는 행복하다.

평서문 <u>He is happy.</u>

부정문 <u>He is not happy.</u>

의문문 <u>Is he happy?</u>

의문사 의문문 <u>Why is he happy?</u>

집중 훈련 >>

1. 당신은 영어를 배우고 싶다.

평 _____

부 _____

의 _____

의의 _____
　　What language

2. 프랑스어는 배우기 어렵다.

평 _____

부 _____

의 _____

의의 _____
　　Why

3. John은 록음악을 좋아한다.

평 _____

부 _____

의 _____

의의 _____
　　What music

4. 당신은 나를 도와줄 수 있다.

평 _____

부 _____

의 _____

의의 _____
　　When

5. 당신은 지난주에 서울에 갔다.

평 _____

부 _____

의 _____

의의 _____
　　Where

6. 그는 어제 새 자동차를 샀다.

평 _____

부 _____

의 _____

의의 _____
　　What

7. 내 아들은 집에서 공부하는 중이다.

평 _____

부 _____

의 _____

의의 _____
　　Where

8. 당신은 서울에 5년 동안 살고 있다.

평 _____

부 _____

의 _____

의의 _____
　　How long (당신은 서울에서 산 지 얼마나 됐어요?)

Words 공부하다 study / 돕다 help / 배우다 learn / 사다 buy / 살다 live / 어렵다 difficult / 원하다 want / 지난주 last week / 집 home / 프랑스어 French

Unit 1. 의문문 ① p.113

1. 평 | You are busy these days.
   의 | Are you busy these days?
2. 평 | He goes to church.
   의 | Does he go to church?
3. 평 | You respect your teacher.
   의 | Do you respect your teacher?
4. 평 | You met Jane yesterday.
   의 | Did you meet Jane yesterday?
5. 평 | Your mother went to Seoul yesterday.
   의 | Did your mother go to Seoul yesterday?

Unit 2. 의문문 ② p.121

1. 평 | You study English.
   의 | Why do you study English?
2. 평 | You live in Seoul.
   의 | Where do you live in Seoul?
3. 평 | You are happy.
   의 | When are you happy?
4. 의 | Who attended the meeting today?
5. 평 | You knew the news.
   의 | How did you know the news?

Unit 3. 부정문 p.129

1. My brother doesn't have a bike.
2. I don't go to church.
3. I am not a student.
4. I didn't do my homework yesterday.
5. Mr. Kim didn't attend the meeting yesterday.

확장 훈련 > p.134

1. Are you full?
   Yes, I am full.
2. Are you thirsty?
   No, I am not thirsty.
3. Is your son sick?
   Yes, he is sick.
4. Is this woman your daughter?
   No, she is not my daughter.
5. Is the movie fun?
   No, it is not fun.
6. Do you like English?
   Yes, I like English.
7. Does Tom live in an apartment?
   No, he doesn't live in an apartment.
8. Did she like rock music?
   Yes, she liked rock music.

집중 훈련 >> p.135

1. You want to learn English.
   You don't want to learn English.
   Do you want to learn English?
   What language do you want to learn?
2. French is difficult to learn.
   French is not difficult to learn.
   Is French difficult to learn?
   Why is French difficult to learn?
3. John likes rock music.
   John doesn't like rock music.
   Does John like rock music?
   What music does John like?
4. You can help me.
   You can't help me.
   Can you help me?
   When can you help me?

5. You went to Seoul last week.

  You didn't go to Seoul last week.

  Did you go to Seoul last week?

  Where did you go last week?

6. He bought a new car yesterday.

  He didn't buy a new car yesterday.

  Did he buy a new car yesterday?

  What did he buy yesterday?

7. My son is studying at home.

  My son isn't studying at home.

  Is my son studying at home?

  Where is my son studying?

8. You have lived in Seoul for 5 years.

  You haven't lived in Seoul for 5 years.

  Have you lived in Seoul for 5 years?

  How long have you lived in Seoul?

Part I

문법 Grammar

Step Two.
확장 문법

Chapter 4.
문장의 연결

Q 영어 문장, 어떻게 연결하나요?

A 우리말에서 문장과 문장을 연결할 때 가장 쉬운 방법은 바로
접속사를 이용하는 것인데요, 영어에서도 and, but, if, because
등의 접속사를 이용하여 연결합니다.

연결 방법	핵심 문장
수평 관계	각각의 독립적인 문장의 연결 관계로, 두 문장은 동등한 관계입니다. 문장은 접속사 and, but, or, so로 연결합니다. I am a student, and my brother is an office worker.
수직 관계	주문장과 부문장의 연결 관계를 가리킵니다. when, if, because, although 등으로 연결합니다. I feel good because you gave me a present.

Unit 1. 수평 관계

독립적인 두 문장을 동등한 관계로 연결합니다.

▶ C4U1

문형 익히기

문장A, and 문장B
문장A와 문장B의 관계는 서로 비슷한 내용이 연결됨을 나타냅니다.

I like classical music, and my brother likes pop songs.
나는 클래식 음악을 좋아한다. 그리고 내 형은 팝송을 좋아한다.

+① 문장A, but 문장B
문장A와 문장B의 관계는 서로 반대되거나 일치하지 않는 내용이 연결됨을 나타냅니다.

· **I am tired, but I have to do my homework.**
나는 피곤하다. 그러나 나는 내 숙제를 해야만 한다.

+② 문장A, or 문장B
문장A와 문장B의 관계는 A와 B 중 선택할 수 있도록 제시되는 문장의 연결됨을 나타냅니다.

· **I will go to the movies, or I will take a rest at home tomorrow.**
나는 내일 영화를 보러 가거나, 집에서 쉴 것이다.

+③ 문장A, so 문장B
문장A는 원인, 문장B는 결과가 되는 문장의 연결됨을 나타냅니다.

· **I am tired, so I want to go to bed now.**
나는 피곤하다. 그래서 나는 지금 자러 가고 싶다.

Tip
· go to the movies 영화 보러 가다
· take a rest 쉬다
· go to bed 잠자리에 들다

문장 만들기 접속사를 사용하여 문장을 연결해 봅시다.

> Jane은 내 친구이다. 그리고 그녀는 친절하다. →

① 문장의 형식을 생각하면서 각 문장 단어의 문장성분을 파악합니다.

→ Jane은 / 내 친구 / ∼이다 / 그리고 / 그녀는 / 친절한 / ∼이다
　　주어　　　보어　　동사　　접속사　주어　　보어　　동사

② 영어 어순에 맞춰 어순을 재배치합니다.

　　1주어　　 2동사　　 3보어　　 4접속사　 6주어　 7동사　 8보어
→ Jane은 / ∼이다 / 내 친구 / 그리고 / 그녀는 / ∼이다 / 친절한

③ 해당하는 영어 어휘를 떠올리면서 '그리고[and]'를 사용하여 두 문장을 연결합니다.

- 주어+동사∼, and 주어+동사∼

→ Jane / is / my friend /, and / she / is / kind.

> Jane is my friend, and she is kind.

④ 반복 훈련을 통해, 문장 형식을 포함한 기본 감각과 문장 연결 방법을 익힙니다.

Q. 다양한 수평 관계를 연결하는 접속사를 사용하여 '자기소개'를 해 보세요.

Ⓐ Hi, let me briefly introduce myself, and I will also tell you about my job.
My name is Heesoo Son, and I'm in my mid-20s.
I work at ABC electronics, and I am an engineer.
As for my hobbies I like hiking, so I go hiking once a week.
I also like swimming, but I can't swim often because there is no swimming pool around.

안녕하세요, 제 소개를 간단히 하고, 제 직업에 대해서도 말하겠습니다.
제 이름은 손희수이고, 20대 중반입니다.
저는 ABC전자에서 일하고 있으며, 엔지니어입니다.
취미로는 등산을 좋아해서, 일주일에 한 번 등산하러 갑니다.
나는 수영도 좋아하는데, 근처에 수영장이 없기 때문에 자주 수영하지 못합니다.

기초 훈련 수평 관계 문장을 연습해 봅시다.

접속사 and, but, or, so를 사용한 **수평 관계** 문장을 익힙니다.

1. 나는 / 좋아한다, / 사과를 / 그리고 / 너는 / 좋아한다 / 바나나를

→ I like apples, and you like bananas.

2. 나는 / 좋아한다, / 영어를 / 그리고 / 너는 / 좋아한다 / 수학을

→ I like English, and you like math.

3. 비가 온다, / 그러나 / 나는 / 원한다 / 놀기를 / 밖에서

→ It is raining, but I want to play outside.

4. 주말에, / 나는 / 머물 것이다 / 집에 / 또는 / 나는 / 영화 보러 갈 것이다

→ On the weekend, I will stay home, or I will go to the movies.

Sunny Talk
'비가 온다'라는 문장은 우리말 순서 그대로 옮겨서 'Rain comes.'로 만들지 않습니다.
'영화 보러 가다'도 순서 그대로 영어로 바뀌지 않고 'go to the movies'라고 합니다.
이런 표현은 나올 때마다 외우고 익혀 회화에서 사용해야 합니다.

5. 나는 / 이다 / 너무 / 배고픈, / 그래서 / 나는 / 먹었다 / 피자 한판을

→ I was really hungry, so I ate a whole pizza.

익히기 주어진 단어를 참고하여 영작해 보세요.

정답 p.158

> Words 좋아하다 like / 고양이 cat / 언니 sister / 강아지 puppy / 어려운 difficult / 공원 park /
> 쉬다 take a rest / 받다 receive / 선물 present / 기분이 좋다 feel good / 필요하다 need / 지갑 wallet /
> 빈 empty

1. 나는 고양이를 좋아한다. 그리고 내 언니는 강아지를 좋아한다.
   주어+동사+목적어   and   주어+동사+목적어

   _____

2. 영어는 어렵다. 그러나 나는 영어를 좋아한다.
   주어+동사+보어   but   주어+동사+목적어

   _____

3. 나는 공원에 가거나 집에서 쉴 것이다.
   주어+동사   or   주어+동사+목적어

   _____

4. 나는 어제 선물을 받았다. 그래서 기분이 좋았다.
   주어+동사+목적어   so   주어+동사+보어

   _____

5. 나는 돈이 약간 필요했다. 그러나 내 지갑은 비었다.
   주어+동사+목적어   but   주어+동사+보어

   _____

문법 PLUS +

> ! 문장[절]뿐 아니라 단어나 구를 연결하는 and/but/or
>
> ✓ 연결되는 양쪽이 항상 같은 형태여야 하는 것에 주의합니다.
>
>   I go to Seoul by car or by train. (○)
>   나는 자동차와 기차로 서울에 간다.
>
>   I like to read a book and drawing a picture. (×)
>
> !! 짝꿍으로 쓰이는 접속사
>
> ✓ both A and B : A와 B 둘 다
>
>   Both Jane and Tom like apples.
>   Jane과 Tom 둘 다 사과를 좋아한다.
>
> ✓ not only A but also B : A뿐 아니라 B도
>
>   I like not only watching movies but also listening to music.
>   나는 영화 보기를 좋아할 뿐 아니라 음악 듣기도 좋아한다.

▶ 확장 훈련 >

▶ C4U1-1

No.	Korean	English
1	나는 / 내년에 해외에서 / 공부하기를 / 원한다 / 그래서 / 나는 / 많은 돈을 / 저축할 것이다.	
hint	수평 / 주+동+목 so 주+동+목	abroad 해외로
2	나는 / 교통사고를 / 봤다 / 그러나 / 그것은 / 심각하지 / 않았다.	
hint	수평 / 주+동+목 but 주+동+보 / 심각한 serious	accident 사고, 우연히 일어난 일
3	나는 / 의사의 조언에 따라 / 운동해야만 한다 / 그러나 / 나는 / 피곤 / 하다.	
hint	수평 / 주+동 but 주+동+보 / 조언 advice	according (to) ~에 따르면
4	나는 / 내 계좌에 / 돈을 / 가지고 있다 / 그리고 / 나는 / 부모님께 / 선물을 / 사 드릴 것이다.	
hint	수평 / 주+동+목 and 주+동+사람목+물건목	account 계좌, 설명하다
5	그녀는 / 열심히 / 일한다 / 그래서 / 그녀는 / 자신의 목표를 / 성취할 수 있다.	
hint	수평 / 주+동 so 주+동+목 / 목표 goal	achieve 성취하다, 이루다
6	나는 / 당신에게 / 내 이름을 / 알려 줄 수 있다 / 그러나 / 나는 / 당신에게 / 내 주소를 / 알려 줄 수 없다.	
hint	수평 / 주+동+사람목+물건목 but 주+동+사람목+물건목 / 이름을 알려 주다 give name	address 주소, 연설하다
7	나는 / 성인 / 이다 / 그러나 / 나는 / 여전히 / 어리다고 / 느낀다.	
hint	수평 / 주+동+보 but 주+동+보 / 어린 young	adult 성인
8	당신은 / 내게 / 좋은 충고를 / 한다 / 그러나 / 나는 / 그것을 / 따를 수 없다.	
hint	수평 / 주+동+사람목+물건목 but 주+동+목	advice 충고, 조언
9	당신은 / 어디든지 / 여행할 수 있다 / 그러나 / 조심 / 해라.	
hint	수평 / 주+동 but (주)+동+보	anywhere 어디든지, 어디엔가

144

No.	Korean	English
10	그녀는 / 미안하게 / 느꼈다 / 그래서 / 그녀는 / 사과했다.	
hint	수평 / 주+동+보 so 주+동	apologize 사과하다, 사죄하다
11	그녀는 / 모든 과일을 / 먹는다 / 그러나 / 그녀는 / 사과를 / 좋아하지 않는다.	
hint	수평 / 주+동+목 but 주+동+목	apple 사과
12	내 딸은 / 상을 받고 / 싶다 / 그래서 / 그녀는 / 지원할 것이다.	
hint	수평 / 주+동+목 so 주+동 / 상을 받다 win the prize	apply 지원하다, 적용하다
13	내 상사는 / 내 휴가 계획을 / 승인했다 / 그래서 / 나는 / 오늘 / 떠날 것이다.	
hint	수평 / 주+동+목 so 주+동	approve 승인하다, 찬성하다
14	내 친구는 / 멋지 / 다 / 그러나 / 그녀는 / 많이 / 논쟁한다.	
hint	수평 / 주+동+보 but 주+동	argue 논하다, 논쟁하다
15	내 아들은 / 강한 남자 / 이다 / 그래서 / 그는 / 군대에 / 입대했다.	
hint	수평 / 주+동+보 so 주+동+목 / 가입하다 join	army 육군, 군대

정답

1 I want to study abroad next year so I will save a lot of money.

2 I saw a traffic accident but it was not serious.

3 I should exercise according to the doctor's advice but I am tired.

4 I have money in my account and I will buy my parents a present.

5 She works hard so she can achieve her goals.

6 I can give you my name but I cannot give you my address.

7 I am an adult but I still feel young.

8 You give me good advice but I cannot follow it.

9 You can travel anywhere but be careful.

10 She felt sorry so she apologized.

11 She eats all fruits but she does not like apples.

12 My daughter wants to win the prize so she will apply.

13 My boss approved my vacation schedule so I will leave today.

14 My friend is nice but she argues a lot.

15 My son is a strong man so he joined the army.

No.	Korean	English
1	나는 화가가 되기를 원하지만 미술을 잘하지 못한다.	
hint	~을 잘하다 be good at	artist 화가, 예술가
2	그녀는 음악 듣기를 좋아하며 밴드에 속해 있다.	
hint	~에 속해 있다 be involved in	band 밴드, 끈
3	우리 어머니는 은행에 돈을 가지고 있지만 현금은 없다.	
hint	현금 cash	bank 은행, 제방
4	나는 술집에 가지 않지만 내 친구들은 종종 간다.	
hint		bar 술집, 막대기
5	그녀는 기분이 좋지 않아서 욕실에서 목욕했다.	
hint	목욕하다 take a bath	bathroom 욕실
6	나는 행복해지기를 원해서, 내가 좋아하는 어떤 것을 찾을 것이다.	
hint	내가 좋아하는 어떤 것 something I like	be 있다, 존재한다
7	나는 해변에 갈 수 있지만 수영할 수 없다.	
hint		beach 해변
8	그녀는 아름답고 또한 친절하다.	
hint		beautiful 아름다운
9	나는 백지의 캔버스를 색칠했지만 그것을 끝내지 않았다.	
hint		blank 백지의, 빈칸
10	나는 추워서 담요가 필요하다.	
hint		blanket 담요

146

No.	Korean	English
11	내 친구는 이 단지 주변에 살고 있고 나는 그녀를 종종 방문한다.	
hint	~ 주변 around	block 구획
12	나는 의사가 되고 싶지만 피를 보는 것은 좋아하지 않는다.	
hint		blood 피, 혈액
13	나는 껌 씹는 것을 좋아하고 또한 풍선도 불 수 있다.	
hint	껌을 씹다 chew gum / 풍선 bubble	blow 불다, 바람에 날리다
14	나는 늦어서 배를 놓쳤다.	
hint	놓치다 miss	boat (작은) 배, 보트
15	폭탄이 없어서 비행기는 안전하다.	
hint	There is [are]~	bomb 폭탄

정답

1 I want to be an artist but I am not very good at art.
2 She likes to listen to music and she is involved in a band.
3 My mother has money in the bank but she has no cash.
4 I do not go to the bar but my friends go often.
5 She did not feel good so she took a bath in the bathroom.
6 I want to be happy, so I will find something I like.
7 I can go to the beach but I can't swim.
8 She is beautiful and she is also kind.
9 I painted the blank canvas but I didn't finish it.
10 I am cold so I need a blanket.
11 My friend lives around the block and I visit her often.
12 I want to be a doctor but I do not like seeing blood.
13 I like to chew gum and I can blow bubbles too.
14 I was late so I missed the boat.
15 There are no bombs so the plane is safe.

C4U2

Unit 2. 수직 관계

주문장과 그것에 대해 어떠한 설명을 덧붙이는 부문장이 연결된 관계입니다.

문형 익히기

주문장+when 부문장 : 'when~'은 '시간'에 대한 설명을 덧붙이는 부문장이 됩니다.

I liked swimming / when I was young.

나는 수영을 좋아했다 / 내가 어렸을 때

+① 주문장+because 부문장 : 'because~'는 이유에 대한 설명을 덧붙이는 부문장이 됩니다.

· **I can't go on a picnic / because it is raining.**

나는 소풍을 갈 수 없다 / 비가 오고 있기 때문에

> **Tip**
> · go on a picnic 소풍 가다

+② 주문장+if 부문장 : 'if~'는 조건에 대한 설명을 덧붙이는 부문장이 됩니다.

· **You should practice every day / if you want to speak English well.**

너는 매일 연습해야 한다 / 만일 네가 영어를 잘하기 원한다면

+③ 주문장+although 부문장 : 'although~'는 양보에 대한 설명을 덧붙이는 부문장이 됩니다.

· **I went to school yesterday / although I was sick.**

나는 어제 학교에 갔다 / 내가 아팠지만

+④ 주문장+부문장 = 부문장, +주문장

· **I usually use a dictionary / when I study English.**

= **When I study English, / I usually use a dictionary.**

내가 영어를 공부할 때, / 나는 보통 사전을 사용한다.

Sunny Talk

보통은 [주문장+부문장(when + 설명)] 순서지만, 설명하는 부문장을 강조하기 위해 부문장이 주문장 앞에 오기도 합니다. 이때 부문장 다음에 '쉼표(,)'를 쓰고 주문장을 이어줍니다.

문장 만들기 접속사를 사용하여 문장을 연결해 봅시다.

> 나는 피곤하기 때문에 그곳에 갈 수 없다.   ➔

① 주문장과 부문장을 구분하여 나눕니다. 이때 주문장과 부문장에 각각 [주어+동사]가 있는지 확인하고 생략이 되었다면 찾아냅니다.

➔ 나는 피곤하기 때문에 / (나는) 그곳에 갈 수 없다.
    부문장   주문장

② 문장의 형식을 생각하면서 각 문장 단어의 문장성분을 파악합니다.

➔ 나는 / 피곤한 / ~이다 / 때문에 / 나는 / 그곳에 / 갈 수 없다.
   주어   보어   동사   접속사   주어 부가사항 동사

③ 영어 어순에 맞춰 어순을 재배치합니다.

   1접속사 2주어 3동사   4보어   6주어 7동사   8부가사항
➔ 때문에 / 나는 / ~이다 / 피곤한 / 나는 / 갈 수 없다 / 그곳에

④ 해당하는 영어 어휘를 떠올리면서 '때문에[because]'를 사용하여 두 문장을 연결합니다.

- Because 주어+동사~, 주어+동사~

➔ Because / I / am / tired, / I / can't go / there.

> Because I am tired, I can't go there.

⑤ 반복 훈련을 통해, 문장 형식을 포함한 기본 감각과 문장 연결 방법을 익힙니다.

Q. 다양한 수직 관계를 연결하는 접속사를 사용하여 '어렸을 때 기억에 남는 경험'에 대해 이야기해 보세요.

> **Ⓐ** When I was 10 years old, I moved from Seoul to Busan.
> My father and mother had a hard time moving on that day because it rained a lot.
> My father's friends came to help our moving although it was raining.
> When I arrived at a new house in Busan, I could see the rainbow.
> It was the first time I saw it in the flesh.
>
> 내가 10살 때, 나는 서울에서 부산으로 이사했습니다.
> 우리 아버지와 어머니는 이사하던 날 힘드셨는데 비가 많이 왔기 때문입니다.
> 비가 오고 있었지만, 아버지의 친구분들이 이사를 도와주러 오셨습니다.
> 내가 부산의 새 집에 도착했을 때, 나는 무지개를 볼 수 있었습니다.
> 그것은 내가 처음으로 무지개를 직접 본 날이었습니다.

기초 훈련 수직 관계 문장을 연습해 봅시다.

접속사 when, because, if, although를 사용하여 **수직 관계** 문장을 익힙니다.

1. 내가 어렸을 때, 나는 / 좋아했다 / 사과들을

→ When I was young, I liked apples.

2. 내가 공부할 때, 나는 / 좋아한다 / 듣는 것을 / 음악을

→ When I study, I like to listen to music.

3. 나는 꽃들을 좋아하기 때문에, 나는 / 좋아한다 / 봄을

→ Because I like flowers, I like spring.

4. 내일 비가 오면, 나는 / 영화 보러 갈 것이다

→ If it rains tomorrow, I will go to the movies.

5. 나는 바쁘지만, 나는 / 좋아한다 / 공부하는 것을 / 영어를

→ Although I am busy, I like to study English.

익히기 주어진 단어를 참고하여 영작해 보세요. p.158

> Words 어린 young / ~하고 싶다 want / 되다 be / 선생님 teacher / 비가 오다 rain / ~해야 하다 should / 가져가다 bring / 우산 umbrella / 영화 보러 가다 go to the movies / 숙제 homework / 열심히 hard / 바쁜 busy / 도착하다 arrive / 회사 company / 확인하다 check / 이메일 email

1. 나는 어렸을 때, 선생님이 되고 싶었다.
   When 주어+동사+보어, 주어+동사+목적어
   _____

2. 비가 오면, 당신은 우산을 가져가야 한다.
   If 주어+동사, 주어+동사+목적어
   _____

3. 나는 영화 보러 갈 수 없는데 숙제가 많기 때문이다.
   주어+동사 because 주어+동사+목적어
   _____

4. 영어를 열심히 공부하고 싶다 비록 나는 바쁘지만.
   주어+동사+목적어 although 주어+동사+보어
   _____

5. 내가 회사에 도착하면, 나는 내 이메일을 확인한다.
   When 주어+동사, 주어+동사+목적어
   _____

문법 PLUS+

> ! **if의 두 가지 뜻**
>
> ✓ if는 수직 관계 문장에서 부문장을 이끄는 접속사로, 명사절을 이끌기도 하고 부사절을 이끌기도 합니다. 명사절을 이끌 때는 '~인지 아닌지', 부사절을 이끌 때는 '~라면'이라고 해석됩니다.
>
> ① 명사절 (if절이 문장의 목적어 역할)
>
> I don't know if he is a famous singer.
> 나는 그가 유명한 가수인지 아닌지 모른다.
>
> ② 부사절 (if절이 문장을 수식)
>
> My mother is sad if I am sick.
> 내가 아프면 우리 어머니는 슬퍼하신다.

▶ 확장 훈련 >

▶ C4U2-1

No.	Korean	English
1	나는 / 매일 / 내 이를 닦기 때문에, / 나는 / 건강한 이를 / 가지고 있다.	
hint	수직 / because 주+동+목, 주+동+목	brush 닦다, 솔
2	우리가 / 건물에 들어갈 때, / 우리는 / 신발을 / 벗어야 한다.	
hint	수직 / when 주+동+목, 주+동+목	building 건물, 건축
3	우리가 / 정원에 / 씨앗을 / 심으면, / 꽃은 / 자랄 것이다.	
hint	수직 / if 주+동+목, 주+동	bury 묻다
4	버스가 / 늦게 / 왔지만, / 나는 / 여전히 / 정시에 / 일을 시작했다.	
hint	수직 / although 주+동, 주+동 / 일을 시작하다 get to work	bus 버스
5	나는 / 그 원피스를 / 살 것이다 / 나는 / 그것을 / 정말 / 좋아하기 때문이다.	
hint	수직 / 주+동+목 because 주+동+목	buy 사다
6	당신이 / 케이크를 / 만들면, / 나는 / 그것을 / 먹을 것이다.	
hint	수직 / if 주+동+목, 주+동+목	cake 케이크
7	나는 / 그에게 / 전화할 것이다 / 당신이 / 내게 / 말할 것을 / 말해 준다면.	
hint	수직 / 주+동+목 if 주+동+사람목+물건목	call 전화하다, 불러내다
8	그 목걸이 사슬은 / 예쁘지 / 않다 / 왜냐하면 / 그것이 / 더럽기 / 때문이다.	
hint	수직 / 주+동+보 because 주+동+보	chain 사슬
9	네가 / 고장 난 의자에 / 앉을 때, / 조심 / 해라.	
hint	수직 / when 주+동, (주)+동+보	chair 의자

No.	Korean	English
10	그녀가 / 많은 경험을 / 갖지 않아도, / 그녀는 / 좋은 사장님 / 이다.	
hint	수직 / although 주+동+목, 주+동+보	chairman 의장, 회장
11	도전이 / 어렵 / 지만, / 그것들은 / 당신을 / 더 강하게 / 만들 수 있다.	
hint	수직 / although 주+동+보, 주+동+목+목보	challenge 도전하다
12	그녀는 / 승리자 / 이다 / 그녀는 / 자신의 최선을 / 다했기 때문이다.	
hint	수직 / 주+동+보 because 주+동+목	champion 우승자
13	당신이 / TV를 / 켠다면, / 채널을 / 바꾸세요.	
hint	수직 / if 주+동+목, (주)+동+목	channel 채널
14	그 상품은 / 매우 비싸 / 지만, / 배달은 / 무료이다.	
hint	수직 / although 주+동+보, 주+동+보/ 배달 delivery / 무료로 free of charge	charge 요금, 청구하다
15	내가 / 그 도표를 / 공부했기 때문에, / 나는 / 내 시험을 / 통과했다.	
hint	수직 / because 주+동+목, 주+동+목 / 통과하다 pass	chart 도표

정답

1 Because I brush my teeth every day, I have healthy teeth.
2 When we enter the building, we must take off our shoes.
3 If we bury the seeds in the garden, the flowers will grow.
4 Although the bus came late, I still got to work on time.
5 I will buy that dress because I really like it.
6 If you make a cake, I will eat it.
7 I will call him if you tell me what to say.
8 The necklace chain is not pretty because it is dirty.
9 When you sit on the broken chair, be careful.
10 Although she does not have much experience, she is a good chairman.
11 Although challenges are difficult, they can make you stronger.
12 She is a champion because she tried her best.
13 If you turn on the TV, change the channel.
14 Although the product is very expensive, delivery is free of charge.
15 Because I studied the charts, I passed my test.

No.	Korean	English
1	당신이 그 개를 쫓아간다면, 그것은 당신을 물 것이다.	
hint	물다 bite	chase 뒤쫓다
2	그 천은 두껍기 때문에, 아기는 더울 것이다.	
hint	두꺼운 thick	cloth 천, 옷감, 직물
3	구름이 회색이면, 비가 올 것이다.	
hint		cloud 구름
4	나는 해변에 살기 때문에, 항상 안개가 낀다.	
hint	안개 낀 foggy	coast 해안, 연안
5	당신은 코트를 세탁할 때, 부드럽게 하세요.	
hint	부드러운 gentle	coat 코트
6	커피를 마실 때, 나는 기운 난다고 느낀다.	
hint	기운이 나는 energized	coffee 커피
7	나는 단지 동전들만 가지고 있지만, 내 식사를 위해 여전히 돈을 지불할 수 있다.	
hint	~을 지불하다 pay for / 식사 meal	coin 동전
8	나는 대학에 갔기 때문에, 좋은 직업을 가졌다.	
hint		college 대학
9	당신이 내 여동생에게 전화한다면, 우리의 약속을 확인할 수 있다.	
hint	약속 appointment	confirm 확실하게 하다
10	당신이 인터넷에 접속할 때, 비밀번호를 입력해야 한다.	
hint		connect 연결하다

No.	Korean	English
11	나는 일찍 떠났는데 대회가 지루했기 때문이다.	
hint	떠나다 leave-left	contest 경기, 경쟁
12	내가 다른 대륙으로 여행할 때, 나는 짐을 가볍게 싸려고 노력한다.	
hint	짐을 싸다 pack / 가볍게 light	continent 대륙, 육지
13	당신이 계속해서 규칙을 어기면, 여기에서 나가게 될 것이다.	
hint	규칙을 어기다 break rules	continue 계속하다
14	나는 모든 것을 통제할 수 없지만, 행복해지는 것을 선택할 수 있다.	
hint		control 통제(하다)
15	네가 쿠키를 너무 많이 먹으면, 살이 찔 것이다.	
hint	살이 찌다 gain weight	cookie 과자

정답

1 If you chase the dog, it will bite you.

2 Because the cloth is thick, the baby will be hot.

3 If the clouds are gray, it will rain.

4 Because I live on the coast, it is always foggy.

5 When you wash your coat, be gentle.

6 When I drink coffee, I feel energized.

7 Although I only have coins, I can still pay for my meal.

8 Because I went to college, I got a good job.

9 If you call my sister, you can confirm our appointment.

10 When you connect to the internet, you must enter the password.

11 I left early because the contest was boring.

12 When I travel to another continent, I try to pack light.

13 If you continue breaking rules, you will get out of here.

14 Although I cannot control everything, I can choose to be happy.

15 If you eat too many cookies, you will gain weight.

Chapter 4.

확인하기

정답 p.158

* 문장의 연결이 수평 관계, 수직 관계 중 어느 것인지 표시하고,
주어진 단어를 사용하여 영작해 보세요.

ex. 우리 아버지는 의사이고 친절하시다. ⬚수평 My father is a doctor, and he is kind.

확장 훈련 >

1. 나는 피자를 좋아하고, 너는 치킨을 좋아한다.
주어+동사+목적어　　[접속사]　　주어+동사+목적어

2. 나는 영어를 좋아하기 때문에, 매일 오로지
영어를 공부한다.
주어+동사+목적어　　[접속사]　　주어+동사+목적어

3. 내가 공부할 때, 우리 어머니는 항상 책을
읽으신다.
[접속사] 주어+동사　+　주어+동사+목적어

4. 나는 수학을 좋아한다, 그러나 그것은 어렵다.
주어+동사+목적어　　　　　　[접속사] 주어+동사+보어

5. 나는 내일 영화를 보거나 산책을 할 것이다.
주어+동사+목적어　　　　　[접속사] 주어+동사+목적어

6. 바쁘지 않으면, 저 좀 도와주세요.
[접속사] 주어+동사+보어　+　주어+동사+목적어

7. 나는 축구를 할 때, 주로 내 왼발을 사용한다.
[접속사] 주어+동사+목적어　+　주어+동사+목적어

8. 어제는 비가 왔는데, 오늘은 맑다.
주어+동사　　　　[접속사]　주어+동사+보어　날씨: 비인칭주어 it

9. 밖이 춥기 때문에, 나는 밖에서 놀 수 없다.
[접속사] 주어+동사+보어　+　주어+동사　　　　날씨: 비인칭주어 it

10. 날씨가 덥지만, 나는 에어컨을 사용하지 않는다.
[접속사] 주어+동사+보어　+　주어+동사+목적어　날씨: 비인칭주어 it

Words ～만, 단지 only / 놀다 play / 대개, 주로 usually / 더운 hot / 돕다 help / 맑은 clear / 밖 outside /
비가 오다 rain / 사용하다 use / 산책하다 take a walk / 수학 math / 어려운 difficult /
에어컨 air conditioner / 영화를 보다 see a movie / 왼발 left foot / 읽다 read / 추운 cold /
축구를 하다 play soccer / 치킨 chicken / 피자 pizza

집중 훈련 >>

1. 서울은 한국의 수도이고, 그곳에 많은 사람들이 살고 있다.

2. 나는 오늘 매우 바쁘다. 그래서 밤을 새야 한다.

3. 서울은 비가 오는데, 부산은 맑다.

4. 내가 서울에 살 때, 가족과 함께 명동에 갔었다.

5. 내가 대학을 졸업할 때, 내 여동생은 15살이었다.

6. 나는 열심히 공부하고 있고, 내 아들은 지금 자고 있다.

7. 내일은 눈이 오거나, 흐릴 것이다.

8. 새 운동화를 사면, 나는 운동을 시작할 것이다.

9. 날씨는 맑고, 공기는 상쾌하다.

10. 네가 이곳에 늦게 도착하면, 나는 먼저 떠날 것이다.

11. 나는 숙제가 많기 때문에, 컴퓨터 게임을 할 수 없다.

12. 어제 사과가 저렴했기 때문에, 나는 많이 샀다.

13. 나는 흐린 날을 좋아하는데, 내 남편은 그렇지 않다.

14. 나는 여행을 좋아하고, 내 부인은 집에 있기를 좋아한다.

15. 날이 흐렸지만, 비는 오지 않았다.

Words ~로부터 졸업하다 graduate from / 공기 air / 그곳 there / 대학 college / 도착하다 arrive / 떠나다 leave / 명동 Myeong-dong / 밤을 새다 stay up all night / 부산 Busan / 사다 buy / 상쾌한 fresh / 서울 Seoul / 수도 capital / 숙제 homework / 여동생 sister / 여행하다 travel / 운동하다 exercise / 운동화 sneakers / 있다, 머물다 stay / 자다 sleep / 저렴한 cheap / 흐린 cloudy

Unit 1. 수평 관계　　　　　　p.143

1. I like cats, and my sister likes puppies.
2. English is difficult, but I like English.
3. I will go to the park or take a rest at home.
4. I received a present yesterday, so I felt good.
5. I needed some money, but my wallet was empty.

Unit 2. 수직 관계　　　　　　p.151

1. When I was young, I wanted to be a teacher.
2. If it rains, you should bring an umbrella.
3. I can't go to the movies because I have much homework.
4. I want to study English hard although I am busy.
5. When I arrive at the company, I check my email.

확장 훈련 >　　　　　　p.156

1. 수평 | I like pizza, and you like chicken.
2. 수직 | Because I like English, I study only English every day.
3. 수직 | When I study, my mother always reads a book.
4. 수평 | I like math, but it is difficult.
5. 수평 | I will see a movie or take a walk tomorrow.
6. 수직 | If you are not busy, please help me.
7. 수직 | When I play soccer, I usually use my left foot.
8. 수평 | It rained yesterday, but it is clear today.
9. 수직 | Because it is cold outside, I can't play outside.
10. 수직 | Although it is hot, I don't use an air conditioner.

집중 훈련 >>　　　　　　p.157

1. 수평 | Seoul is the capital of Korea, and many people live there.
2. 수평 | I am very busy today, so I have to stay up all night.
3. 수평 | It is raining in Seoul, but it is clear in Busan.
4. 수직 | When I lived in Seoul, I went to Myeong-dong with my family.
5. 수직 | When I graduated from college, my sister was 15 years old.
6. 수평 | I am studying hard, and my son is sleeping now.
7. 수평 | It will snow, or it will be cloudy tomorrow.
8. 수직 | If I buy new sneakers, I will start to exercise.
9. 수평 | It is clear, and the air is fresh.
10. 수직 | If you arrive here late, I will leave first.
11. 수직 | Because I have much homework, I can't play computer games.
12. 수직 | Because apples were cheap yesterday, I bought many apples.
13. 수평 | I like cloudy days, but my husband doesn't.
14. 수평 | I like to travel, and my wife likes to stay at home.
15. 수직 | Although it was cloudy, it didn't rain.

Chapter 5.
문장의 수식

Q 영어 문장, 어떻게 수식하나요?

A 문장의 다섯 형식에서 살펴봤지만, 문장의 구성 요소는
기본 요소인 주어, 동사, 목적어, 보어 외에 내용적인 부분을
덧붙이는 말이나 각 요소를 수식하는 말들이 있습니다.
수식하는 방법에는 다음의 다섯 가지가 있습니다.

Sunny Talk
우리말은 수식하는 말이 주로 앞에 오는 반면, 영어는 수식하는 말이 뒤에도 많이 옵니다.

부가 사항	예문
시간, 장소 등을 덧붙일 때 쓰이는 **전치사**	I / eat / breakfast / at 7. 나는 / 먹는다 / 아침을 / 7시에
명사를 수식하는 **형용사**와 동사를 수식하는 **부사**	I / really / like / the new bag. 나는 / 정말로 / 좋아한다 / 나의 새 가방을
'to+동사원형' 형태로 형용사나 부사의 역할을 하는 **to부정사**	To speak English well, / you / need / a good English book / to study with. 영어를 잘하기 위해서, / 너는 / 필요하다 / 좋은 영어책이 / 같이 공부할
'주어+동사~' 문장으로 명사를 수식하는 **관계대명사**	I / bought / a watch / that I wanted. 나는 / 샀다 / 시계를 / 내가 원했던
명사를 수식하는 **분사**	The boy / sitting on the bench / is / my brother. 저 소년은 / 벤치에 앉아 있는 / ~이다 / 내 남동생

Unit 1. 전치사

시간, 장소 등의 부가사항을 덧붙일 때 사용합니다.

▶ C5U1

문형 익히기

시간과 장소를 나타내는 전치사 at
주어＋동사＋전치사

I / eat / breakfast / at 7. [시간]
나는 / 먹는다 / 아침을 /   7시에

I / will meet / my friend / at a park. [장소]
나는 / 만날 것이다 /   내 친구를 /   공원에서

> **Sunny Talk**
> 전치사 at은 시간이나 좁은 장소를
> 나타낼 때 씁니다.

+① 시간을 나타내는 전치사

· I / usually meet / my friend / on Sunday.
  나는 / 대개 만난다 /   내 친구를 /   일요일에

> **Sunny Talk**
> 전치사 on은 날짜, 요일을,
> in은 월, 년, 계절은 물론, 아침,
> 점심, 저녁을 나타낼 때도 쓰입니다.

+② 장소를 나타내는 전치사

· I / met / my teacher / on the street.
  나는 / 만났다 / 우리 선생님을 /   거리에서

> **Sunny Talk**
> on은 천정, 벽면, 표면을,
> in은 넓은 장소를 나타낼 때 쓰입니다.

+③ 기타 전치사

· My mother / always talks / about her dreams.
  우리 어머니는 /   항상 말씀하신다 /   그녀의 꿈들에 대해서

> **Sunny Talk**
> 전치사 종류와 용법은 아주 다양합니다. 많이 쓰이는
> 'about ~에 대해서, with ~와 함께'를 포함한 다양한
> 전치사에 대해 **문법 PLUS +**에서 확인하세요.

문장 만들기 전치사를 사용하여 문장을 수식해 봅시다.

나는 일요일마다 공원에서 운동한다. →

① 문장의 형식을 생각하면서 각 단어의 문장성분을 파악합니다.

→ 나는 / 일요일마다 / 공원에서 / 운동한다
   주어   전치사   전치사   동사

② 영어 어순에 맞춰 어순을 재배치합니다.

- 두 개 이상의 전치사가 있으면, 보통 [장소+시간] 순서입니다.

1주어   2동사   3전치사   4전치사
→ 나는 / 운동한다 / 공원에서 / 일요일마다

③ 해당하는 영어 어휘를 떠올리면서 <u>전치사</u>를 사용하여 문장을 수식합니다.

- 주어+동사~+전치사[장소]+전치사[시간]

→ I / exercise / at the park / on Sundays.

I exercise at the park on Sundays.

④ 반복 훈련을 통해, 문장 형식을 포함한 기본 감각과 전치사로 문장의 내용을 더 구체적으로 수식하는 방법을 익힙니다.

Q. 다양한 전치사를 사용하여 '우리 집'을 묘사해 보세요.

A I live on the 4th floor in an apartment. There are 3 rooms and 2 bathrooms in my house.
The apartment faces south so it is very bright and warm during the daytime.
On the left side of the house, you can see the living room.
On the right side of the house, you can see my room and my sister's room.
I think my house is a comfortable place for my family.

나는 아파트의 4층에 삽니다. 우리 집에는 방 세 개와 욕실 두 개가 있습니다.
아파트가 남쪽을 향하고 있어서 낮 동안 매우 밝고 따뜻합니다.
집의 왼쪽에는, 거실이 있습니다.
집의 오른쪽에는, 내 방과 여동생의 방이 있습니다.
나는 우리 집이 우리 가족을 위해 편안한 장소라고 생각합니다.

기초 훈련 전치사를 사용한 문장을 연습해 봅시다.

시간과 장소를 나타내는 **전치사**가 있는 다양한 문장을 익힙니다.

1. 나는 / 생각한다 / 영어에 대해서   →   I think about English.

2. 나는 / 논다 / 학교 후에 (방과 후에)   →   I play after school.

3. 많은 카페가 / 있다 / 집 주변에   →   There are many cafes around my house.

4. 나는 / 여행한다 / 여름 방학 동안   →   I travel during my summer vacation.

5. 나는 / 공부한다 / 집에서   →   I study at home.

6. 나는 / 일어난다 / 오전 7시에   →   I get up at 7 a.m.

7. 나는 / 일한다 / 사무실에서   →   I work in the office.

8. 나는 / 수영을 한다 / 여름에   →   I swim in the summer.

9. 나는 / 놓는다 / 펜을 / 탁자 위에   →   I put a pen on the table.

10. 나는 / 만난다 / 내 친구를 / 일요일에   →   I meet my friend on Sundays.

익히기 주어진 단어를 참고하여 영작해 보세요. p.202

> Words 숙제 homework / 방과 후 after school / 자다 sleep / 방 room / 산책하다 take a walk /
> 책상 desk / ~해야 하다 have to / 끝내다 finish / 보고서 report / ~까지 by

1. 나는 방과 후에 내 숙제를 한다.
   주어+동사+목적어+전치사
   _____

2. 우리 어머니는 방에서 주무시고 계신다.
   주어+동사+전치사
   _____

3. 나는 내 개와 산책한다.
   주어+동사+목적어+전치사
   _____

4. 책상 위에 책이 두 권 있다.
   there is[are]~주어+전치사
   _____

5. 나는 내일까지 그 보고서를 끝내야 한다.
   주어+동사+목적어+전치사
   _____

문법 PLUS+

! 다양한 전치사

전치사	뜻	전치사	뜻	전치사	뜻
across from	~ 건너편에	between	(두 개) ~ 사이	next to	~ 옆에
after	~ 후에	by	~까지	over	~ 위로
along	~을 따라서	during	~동안	since	~ 이래 줄곧
among	(3개 이상) ~ 사이	for	~을 위해	through	~을 통해서
before	~ 전에	from	~로부터	toward	~을 향해서
behind	~ 뒤에	in front of	~ 앞에	under	~ 아래로

말하기 훈련

* 다음 문장을 영작한 후, 정확하고 자연스럽게 말할 때까지 반복하여 따라 해 보세요.

▶ 확장 훈련 >

▶ C5U1-1

No.	Korean	English
1	나는 / 내 방을 위한 / 새 커튼이 / 필요하다.	
hint	전치사 / for my room	curtain 커튼
2	이것은 / 한국의 / 오래된 관습이다.	
hint	전치사 / in Korea	custom 관습, 풍습
3	귀여운 고양이가 / 탁자 위로 / 뛰어올랐다.	
hint	전치사 / over the table	cute 귀여운(=pretty), 영리한(=clever)
4	나는 / 카페에서 / 내 남편과 함께 / 내 딸을 / 만났다.	
hint	전치사 / with my husband / at a cafe	daughter 딸
5	그녀는 / 자신의 어린 시절 동안 / 우울증이 / 있었다.	
hint	전치사 / during her childhood	depression 우울증, 하락
6	그녀는 / 그녀의 친구들에게 / 자신의 꿈을 / 자세히 / 묘사했다.	
hint	전치사 / in detail / to her friends	describe 묘사하다
7	우리는 / 사막에서 / 물 없이 / 살 수 없다.	
hint	전치사 / in the desert / without water	desert 사막
8	우리 어머니는 / 그녀의 생일에 / 케이크를 / 받을 자격이 있다.	
hint	전치사 / on her birthday	deserve ~할 만하다
9	그 개는 / 공원에서 / 놀기를 / 갈망했다.	
hint	전치사 / in the park	desire 바라다, 원하다
10	우리 아버지는 / 그의 책들을 / 자신의 책상에 / 놓았다.	
hint	전치사 / on his desk	desk 책상

No.	Korean	English
11	폭풍은 / 해안에 있는 / 배를 / 파괴했다.	
hint	전치사 / on the shore	destroy 파괴하다, 멸하다
12	나는 / 그림에 / 세부 양식을 / 그리고 있다.	
hint	전치사 / on the painting	detail 세부사항
13	그 장치는 / 한국에서 / 과학자들에 의해 / 만들어졌다.	
hint	전치사 / by scientists / in Korea	device 장치
14	나는 / 내 학생들을 위해 / 피자를 / 나누었다.	
hint	전치사 / for my students	divide 가르다, 갈라지다
15	불 주변에 / 서 있지 마시오.	
hint	전치사 / around the fire	do 조동사(부정문, 의문문), 하다, 행하다

정답

1 I need a new curtain for my room.
2 This is the old custom in Korea.
3 The cute cat jumped over the table.
4 I met my daughter with my husband at a cafe.
5 She had depression during her childhood.
6 She described her dream in detail to her friends.
7 We cannot live in the desert without water.
8 My mother deserves a cake on her birthday.
9 The dog desired to play in the park.
10 My father put his books on his desk.

11 The storm destroyed the boat on the shore.
12 I am drawing the details on the painting.
13 The device was made by scientists in Korea.
14 I divided pizza for my students.
15 Do not stand around the fire.

▶ 집중 훈련 >>   ▶ C5U1-2

No.	Korean	English
1	그 아이는 의자 아래에 인형을 놓았다.	
hint		doll 인형
2	나는 어머니에게 10달러를 빌렸다.	
hint	빌리다 borrow	dollar 달러
3	그녀는 문을 통해 들어왔다.	
hint		door 문
4	내 아들은 수술을 위해 응급실로 갔다.	
hint	응급실 emergency room / 수술 surgery	emergency 비상 사태, 긴급한
5	우리 아버지는 영화를 보는 동안 감정을 나타내지 않으신다.	
hint		emotion 감동, 정서
6	많은 에너지를 가진 사자가 들판을 가로질러 달렸다.	
hint	들판을 가로질러 across the field	energy 에너지, 활기
7	선생님은 교실에서 규칙을 시행했다.	
hint		enforce 실시하다, 강요하다
8	엔지니어는 점심시간 전에 그 프로젝트를 끝냈다.	
hint		engineer 엔지니어, 기술자
9	선생님은 아침에 학생들을 재미있게 해 주셨다.	
hint		entertain 즐겁게 하다
10	판사는 법정에서 법률을 공정하게 집행해야 한다.	
hint		execute 실행하다, 수행하다

No.	Korean	English
11	우리는 출구를 향해 걸었다.	
hint	출구를 향해 towards the exit	exit 출구
12	우리는 걸어서 그 도시를 탐험할 수 있다.	
hint	걸어서 on foot	explore 탐험하다, 탐구하다
13	그 포도주는 유럽으로 수출될 것이다.	
hint		export 수출하다
14	학생의 서류철은 캐비닛 안에 있었다.	
hint		file 서류철, 파일
15	나는 내 친구와 영화를 봤다.	
hint		film 영화, 필름

정답

1 The child put the doll under the chair.
2 I borrowed ten dollars from my mother.
3 She came through the door.
4 My son went to the emergency room for surgery.
5 My father does not show emotion during movies.
6 The lion with lots of energy ran across the field.
7 The teacher enforced the rules in the classroom.
8 The engineer finished the project before lunchtime.
9 The teacher entertained students during the morning.
10 The judge should execute laws fairly in the court.

11 We walked towards the exit.
12 We can explore the city on foot.
13 The wine will be exported to Europe.
14 The student's file was in the cabinet.
15 I watched the film with my friend.

Unit 2. 형용사와 부사

명사를 수식하는 역할은 형용사, 동사를 수식하는 역할은 부사가 합니다.

▶ C5U2

문형 익히기

형용사＋명사

Jane / is / a smart student.

Jane은 / ～이다 / 영리한 학생

부사＋동사

I / usually get up / at 7.

나는 / 보통 일어난다 /　　7시에

Sunny Talk

형용사 smart는 명사 student를,
부사 usually는 동사 get을 수식합니다.

+① 　형용사나 또 다른 부사를 수식하는 부사

　　　부사＋형용사＋명사

· I / met / a very beautiful lady.

　　나는 / 만났다 / 매우 아름다운 여인을

　　　부사＋부사

· I / love / my family / very much.

　　나는 / 사랑한다 / 우리 가족을 / 매우 많이

+② 　다양한 부사의 위치

· You / should listen carefully / in class / every day.

　너는 / 　주의 깊게 들어야 한다 / 　　　수업에서 / 　　매일

Sunny Talk

부사는 일반적으로 동사 앞에서 동사를 수식하지만,
때로는 동사 뒤 또는 문장 앞뒤에 위치하여 강조하기도 합니다.
일부 부사는 절대적인 위치를 고수하지만, 보통은 융통성 있게
사용할 수 있습니다.

문장 만들기 형용사와 부사를 사용해 문장을 수식해 봅시다.

> 나는 내 귀여운 딸을 정말로 그리워한다. → [   ]

① 문장의 형식을 생각하면서 단어의 문장성분을 파악합니다.

→ 나는 / 내 귀여운 딸을 / 정말로 그리워한다
  주어   목적어   동사

② 영어 어순에 맞춰 어순을 재배치합니다.

   • 동사 '그리워하다'를 수식하는 부사 / 목적어 '딸'을 수식하는 형용사

    1주어   2동사   3목적어
→ 나는 / 정말로 그리워한다 / 내 귀여운 딸을

③ 해당하는 영어 어휘를 떠올리면서 <u>형용사와 부사</u>를 사용하여 문장 요소를 수식합니다.

    부사+동사   형용사+명사
   • 정말로+그리워한다 / 내 귀여운+딸을

→ I / really miss / my cute daughter.

> I really miss my cute daughter.

④ 반복 훈련을 통해, 문장 형식을 포함한 기본 감각과 형용사와 부사로 수식하는 방법을 익힙니다.

Q. 다양한 형용사와 부사를 사용하여 '내가 좋아하는 취미인 요리'에 대해 소개해 보세요.

> **A** I will introduce my favorite hobby, cooking.
> I usually cook every day for my family.
> Although I am not very good at cooking, I enjoy it very much.
> I like to cook spaghetti these days.
> It is not very difficult to make it, and my kids really like it.
>
> 내가 가장 좋아하는 취미인 요리에 대해 소개할게요.
> 나는 우리 가족을 위해 대개 매일 요리합니다.
> 비록 요리를 그리 잘하지는 못하지만, 나는 매우 많이 그것을 즐깁니다.
> 나는 요즘 스파게티 만드는 것을 좋아합니다.
> 만들기 어렵지도 않고, 내 아이들도 그것을 정말로 좋아한답니다.

기초 훈련 형용사와 부사를 사용한 문장을 연습해 봅시다.

명사를 수식하는 **형용사**, 동사를 수식하는 **부사**를 사용한 문장을 익힙니다.

1. 나는 / 가지고 있다 / 좋은 생각을   →   I have a good idea.

2. 나는 / 가지고 있다 / 자유로운 시간을   →   I have free time.

3. 나는 / 가지고 있다 / 중요한 미팅을   →   I have an important meeting.

4. 나는 / 가지고 있다 / 행복한 가족을   →   I have a happy family.

5. 나는 / 가지고 있다 / 멋진 친구들을   →   I have wonderful friends.

6. 나는 / 보았다 / 화난 새들을   →   I saw angry birds.

7. 나는 / 샀다 / 비싼 신발을   →   I bought expensive shoes.

8. 나는 / 풀었다 / 어려운 수학 문제들을   →   I solved difficult math questions.

9. 나는 / 먹었다 / 맛있는 과일을   →   I ate delicious fruit.

10. 나는 / 만났다 / 친한(가까운) 친구들을   →   I met close friends.

익히기 주어진 단어를 참고하여 영작해 보세요.

정답 p.202

> Words 빈 empty / 상자 box / 유용한 useful / 언어 language / ~ 앞에 in front of / 말하다 speak /
> 축구를 하다 play soccer

1. 나는 빈 상자를 가지고 있다.
   주어+동사+목적어(형용사+명사)
   _____

2. 영어는 한국에서 유용한 언어이다.
   주어+동사+보어(형용사+명사)+전치사
   _____

3. 우리 집 앞에는 큰 나무가 있다.
   there is[are] ~+주어(형용사+명사)+전치사
   _____

4. 나는 영어를 잘 말하고 싶다.
   주어+동사+목적어+부사
   _____

5. 나는 어제 축구를 했다.
   주어+동사+목적어+부사
   _____

문법 PLUS+

> ! 형용사와 부사가 같은 단어
>
> high 높은/높이, low 낮은/낮게, fast 빠른/빨리, early 이른/일찍, long 긴/오래
>
> !! 빈도부사
>
> ✓ 빈도를 나타내는 다음 여섯 개의 부사는 be동사 뒤, 일반동사 앞에 위치합니다.
>
> always 항상 > usually 대개 > often 종종 > sometimes 때때로 > rarely 거의 ~않다 > never 결코 ~않다

말하기 훈련

* 다음 문장을 영작한 후, 정확하고 자연스럽게 말할 때까지 반복하여 따라 해 보세요.

▶ 확장 훈련 >

▶ C5U2-1

No.	Korean	English
1	친절한 소녀가 / 내게 / 재미있는 이야기를 / 해 주었다.	
hint	형용사 / kind/funny	funny 우스운, 이상한
2	수줍음 많은 소년은 / 자신감을 / 얻었다.	
hint	형용사 / shy / 자신감 confidence	gain 얻다, 이기다
3	나는 / 중요한 경기를 / 본다.	
hint	형용사 / important	game 경기, 게임, 시합
4	그는 / 자동차의 훌륭한 품질을 / 보증했다.	
hint	형용사 / excellent / 품질 quality	guarantee 보증(하다)
5	그 경비원은 / 내게 / 냉정한 모습을 / 보여 주었다.	
hint	형용사 / cold / 냉정한 모습 cold look	guard 경비 요원
6	내 여동생은 / 자신의 새 기타를 / 연주한다.	
hint	형용사 / new	guitar 기타
7	그 남자는 / 작고 강력한 총을 / 가지고 있었다.	
hint	형용사 / small/powerful / 강력한 powerful	gun 총
8	나는 / 재미있는 파티에서 / 상냥한 남자를 / 만났다.	
hint	형용사 / friendly/fun / 상냥한 friendly	guy 남자, 녀석, 사내
9	내 딸은 / 좋은 잠 습관을 / 가지고 있다.	
hint	형용사 / good / 잠 습관 sleeping habit	habit 습관, 버릇
10	내 여동생은 / 건강하고 긴 머리카락을 / 가지고 있다.	
hint	형용사 / long/healthy	hair 머리카락

172

No.	Korean	English
11	음식의 부족은 / 정말로 / 문제를 / 만들었다.	
hint	부사 / really / 음식의 부족 the lack of food	lack 부족, 결핍
12	그 여자는 / 예의 바르게 / 질문을 / 했다.	
hint	부사 / politely	lady 숙녀, 귀부인
13	그녀는 / 언어를 / 아름답게 / 쓴다.	
hint	부사 / beautifully / speak (언어를) 쓰다	language 언어
14	그녀는 / 나중에 / 자신의 방에서 / 조용히 / 울었다.	
hint	부사 / later/silently	later 나중에, 더 늦게
15	그 법은 / 우리나라에서 / 매우 중요하다.	
hint	부사, 형용사 / very/important	law 법, 규칙

정답

1 The kind girl told me a funny story.
2 The shy boy gained confidence.
3 I watch an important game.
4 He guaranteed the excellent quality of the car.
5 The guard gave me a cold look.
6 My sister plays her new guitar.
7 The man had a small powerful gun.
8 I met a friendly guy at the fun party.
9 My daughter has good sleeping habits.
10 My sister has long healthy hair.

11 The lack of food really created a problem.
12 The lady politely asked a question.
13 She speaks the language beautifully.
14 She later cried silently in her room.
15 That law is very important in my country.

No.	Korean	English
1	한국은 점차적으로 더 많은 와인을 수입한다.	
hint	점차적으로 gradually	import 수입하다
2	나는 내 영어를 매우 잘 향상시켰다.	
hint		improve 향상하다, 개선하다
3	내 딸은 키가 천천히 2인치 자랐다.	
hint		inch 인치(=1/12 피트=2.54cm)
4	그녀는 조심스럽게 그 사건을 조사했다.	
hint	조심스럽게 carefully / 조사하다 investigate	incident 사건
5	그녀는 점차적으로 자신의 컴퓨터 지식을 증가시켰다.	
hint		increase 증가하다, 늘리다
6	토마스 에디슨은 놀랍게도 전구를 발명했다.	
hint	놀랍게도 surprisingly / 전구 light bulb	invent 발명하다, 창안하다
7	그녀는 그 범죄를 철저히 조사했다.	
hint	철저히 thoroughly / 범죄 crime	investigate 조사하다
8	나는 간절하게 그것을 샀다.	
hint	간절히 eagerly	it 그것
9	나는 정말로 그 물건을 원한다.	
hint		item 항목, 조목
10	내 친구는 수학을 어떻게 하는지 확실히 안다.	
hint	확실히 surely	know 알다, 알고 있다

No.	Korean	English
11	나는 텅 빈 긴 복도를 통해 걸었다.	
hint	~을 통해 through	hall 복도, 현관
12	그의 새 하얀 신발은 더럽다.	
hint		his 그의 (것)
13	내 취미는 신나는 스포츠를 하는 것이다.	
hint		hobby 취미
14	우리 아버지는 정직한 남자이다.	
hint		honest 정직한, 성실한
15	더운 날씨는 나를 피곤하게 한다.	
hint		hot 더운, 뜨거운

정답

1 Korea gradually imports more wine.
2 I improved my English very well.
3 My daughter slowly grew 2 inches taller.
4 She carefully investigated the incident.
5 She gradually increased her computer knowledge.
6 Thomas Edison surprisingly invented the light bulb.
7 She thoroughly investigated the crime.
8 I eagerly bought it.
9 I really want the item.
10 My friend surely knows how to do math.

11 I walked through a long empty hall.
12 His new white shoes are dirty.
13 My hobby is playing exciting sports.
14 My father is an honest man.
15 The hot weather makes me tired.

Unit 3. to 부정사

[to + 동사원형] 형태로, 형용사나 부사 역할을 하며 각각 명사나 동사를 수식합니다.

부정사란 '품사가 정해져 있지 않다'는 뜻입니다. 원래 동사였지만 'to+동사원형' 형태로,
명사 또는 동사를 수식하는 형용사와 부사 용법이나 주어, 목적어, 보어로 쓰이는 명사 용법으로 쓰이기도 합니다.

▶ C5U3

문형 익히기

to부정사의 **형용사 용법** : 명사 뒤에서 수식

I / need / something to drink.

나는 / 필요로 한다 / 마실 뭔가를

My mother / gave / me / some money to buy a book.

우리 어머니는 /   주셨다 /   내게 / 책을 살 약간의 돈을

Sunny Talk
명사 뒤에서 '~하는 (명사)'로
명사를 수식하는 역할을 합니다.

+①   to부정사의 **부사 용법** : 문장 뒤에서 수식

· I / came / here / to meet my friend.

    나는 / 왔다 /   이곳에 /   내 친구를 만나기 위해서

· I / am / very happy / to hear the news.

    나는 / ~이다 / 매우 행복한 /   그 소식을 들어서

Sunny Talk
부사 용법은 '~하기 위해서',
또는 '~해서'라고 해석됩니다.

문장 만들기 to부정사를 사용해 문장을 수식해 봅시다.

> 나는 여행하기 위해서 영어를 배우고 싶다. →

① 문장의 형식을 생각하면서 각 단어의 문장성분을 파악합니다.

→ 나는 / 여행하기 위해서 / 영어를 배우고 / ~하고 싶다
  주어   to부정사   목적어(to부정사)   동사

② 영어 어순에 맞춰 어순을 재배치합니다.

    1주어   2동사   3목적어(to부정사)   4 to부정사
→ 나는 / ~하고 싶다 / 영어를 배우고 / 여행하기 위해서

③ 해당하는 영어 어휘를 떠올리면서 <u>to</u>부정사를 사용하여 문장 요소를 수식합니다.

- <u>영어를 배우고</u> → to learn English(to부정사 명사 용법)

- <u>여행하기 위해서</u> → to travel(to부정사 부사 용법)

→ I / want / to learn English / to travel.

> I want to learn English to travel.

④ 반복 훈련을 통해, 문장 형식을 포함한 기본 감각과 to부정사로 수식하는 방법을 익힙니다.

Q. to부정사를 사용하여 '가고 싶은 여행지'에 대해 이야기해 보세요.

> **A** I want to go to Paris.
> Actually I have been there once to meet my pen pal when I was a college student.
> There are so many museums to visit in Paris, and my son is interested in art these days.
> I really want to show my family the romantic city, Paris.
>
> 나는 파리에 가고 싶습니다.
> 사실 내가 대학생 때 내 펜팔 친구를 만나러 한 번 가 본 적 있습니다.
> 파리에는 방문할 박물관들이 많이 있고, 내 아들은 요즘 미술에 관심이 있습니다.
> 나는 정말로 우리 가족에게 이 낭만적인 도시인 파리를 보여 주고 싶습니다.

기초 훈련 to부정사를 사용한 문장을 연습해 봅시다.

형용사나 부사 역할을 하는 **to부정사** 문장을 익힙니다.

1. 나는 / 필요하다 / 뭔가 / 마실 → I need something to drink.

2. 나는 / 필요하다 / 뭔가 / 먹을 → I need something to eat.

3. 나는 / 필요하다 / 뭔가 / 읽을 → I need something to read.

4. 나는 / 가지고 있다 / 친구가 / 도와줄 / 나를 → I have a friend to help me.

5. 나는 / 가지고 있다 / 돈이 / 줄 수 있는 / 너에게 → I have money to give you.

6. 나는 / 왔다 / 여기에 / 공부하려고 → I came here to study.

7. 나는 / 왔다 / 여기에 / 운동하려고 → I came here to exercise.

8. 나는 / 왔다 / 여기에 / 놀려고 → I came here to play.

9. 나는 / 왔다 / 여기에 / 일하려고 → I came here to work.

10. 나는 / 왔다 / 여기에 / 여행하려고 → I came here to travel.

익히기 주어진 단어를 참고하여 영작해 보세요. **정답** p.202

> Words 잡지 magazine / 읽다 read / 준비된 ready / 가지고 있다 have / 회의 meeting /
> 무엇인가 something / 학교 school / 공부하다 study / 너무 too / 늙은 old / 일하다 work

1. 나는 읽을 만한 잡지 몇 권을 가지고 있다.
   주어+동사+목적어+to부정사 _____

2. 우리는 회의를 할 준비가 되었다.
   주어+동사+보어+to부정사 _____

3. 당신은 먹을 뭔가를 가지고 있어요?
   Do+주어+동사+목적어+to부정사 _____

4. 나는 공부하기 위해 학교에 간다.
   주어+동사+부가사항+to부정사 _____

5. 나는 일하기에 너무 늙었다.
   주어+동사+보어+to부정사 _____

문법 PLUS+

! to부정사의 명사 용법

✓ to부정사가 문장에서 명사 용법으로 쓰이면 '~하기', '~하는 것'이라는 의미가 됩니다.

I want <u>to speak</u> English well.
나는 영어를 잘 <u>말하기</u>를 원한다.

My dream is <u>to be</u> a scientist.
내 꿈은 과학자가 <u>되는 것</u>이다.

!! 동명사

✓ 동명사만 목적어로 취하는 동사(enjoy, finish, mind, give up, avoid)나 전치사의 목적어로 쓰일 때는 to부정사의 명사 용법이 아닌 동명사를 씁니다.

I enjoy <u>studying</u>.
나는 <u>공부하기</u> 즐겁다.

I am interested <u>in studying</u> English.
나는 영어를 <u>공부하는 것</u>이 재미있다.

▶ 확장 훈련 >

▶ C5U3-1

No.	Korean	English
1	나는 / 오렌지를 좀 사려고 / 마켓으로 / 빨리 / 갔다.	
hint	to부정사(부사) / to buy some oranges	orange 오렌지
2	내 아들은 / 좋은 자리를 찾기 위해 / 반대쪽으로 / 갔다.	
hint	to부정사(부사) / to find a good seat / 반대쪽 opposite side	opposite 반대의
3	나는 / 그 대학에 가기 위해 / 기회를 / 잡을 것이다.	
hint	to부정사(부사) / to go to that university	opportunity 기회
4	그녀는 / 복사를 하기 위해 / 복사기를 / 작동시킬 것이다.	
hint	to부정사(부사) / to make copies	operate 작동하다
5	나는 / 다이어트를 하기 위해 / 단지 / 과일만 / 먹고 싶다.	
hint	to부정사(명사, 부사) / to eat fruits / to go on a diet	only 유일한, 단 하나
6	내 여동생은 / 헐렁한 옷을 / 입기 좋아한다.	
hint	to부정사(명사) / to wear loose clothing	loose 헐렁한, 풀린
7	그 남자는 / 많은 선물들을 / 받고 싶다.	
hint	to부정사(명사) / to get a lot of presents	lot 많음, 다량
8	우리 어머니는 / 아름다운 코트를 / 받고 싶으시다.	
hint	to부정사(명사) / to get a lovely coat	lovely 아름다운, 사랑스러운
9	나는 / 행운이 있기를 / 원한다.	
hint	to부정사(명사) / to be lucky	lucky 행운의, 운이 좋은
10	나는 / 당신과 / 점심 식사를 / 하고 싶다.	
hint	to부정사(명사) / to have lunch	lunch 점심

No.	Korean	English
11	나는 / 정오에 / 먹을 뭔가가 / 필요하다.	
hint	to부정사(형용사) / to eat	noon 정오
12	몇 권의 책들을 / 살 현금이 / 없다.	
hint	to부정사(형용사) / to buy some books	no 조금의 ~도 없는, (부정의 대답) 아니오
13	나는 / 나와 함께 / 학교에 다니는 멋진 친구를 / 만났다.	
hint	to부정사(형용사) / to go to school	nice 좋은
14	나는 / 내 학교 프로젝트를 끝마칠 / 소식을 / 들었다.	
hint	to부정사(형용사) / to complete my school project	news 뉴스, (새로운 사건의) 보도
15	나는 / 그가 공부하도록 도와줄 / 긴장하고 있는 한 학생을 / 만났다.	
hint	to부정사(형용사) / to help him study	nervous 불안해 하는, 신경이 과민한

정답

1 I quickly went to the market to buy some oranges.

2 My son went to the opposite side to find a good seat.

3 I will take the opportunity to go to that university.

4 She will operate the printer to make copies.

5 I only want to eat fruits to go on a diet.

6 My sister likes to wear loose clothing.

7 The man wants to get a lot of presents.

8 My mother wants to get a lovely coat.

9 I want to be lucky.

10 I want to have lunch with you.

11 I need something to eat at noon.

12 There is no cash to buy some books.

13 I met a nice friend to go to school with me.

14 I listened to the news to complete my school project.

15 I met the nervous student to help him study.

No.	Korean	English
1	나는 내 몸을 지탱하는 근육이 있다.	
hint		muscle 근육
2	나는 많이 먹을 수 있는 큰 입이 있다.	
hint		mouth 입
3	그녀는 자신을 도와줄 친구들이 더 많이 필요하다.	
hint		more 더 많은, 더 큰
4	그 원숭이는 먹을 뭔가가 필요하다.	
hint		monkey 원숭이
5	지금은 내 생각을 나눌 좋은 순간이다.	
hint		moment 순간, 때
6	나는 맑은 공기를 마시기 위해 밖으로 나갈 것이다.	
hint	맑은 공기를 마시다 have fresh air	outside 바깥쪽, 외관
7	그 아이는 TV를 보기 위해 침대에서 나왔다.	
hint		out ~의 밖으로
8	우리 가족은 부엌을 청소하기 위해 함께 일한다.	
hint		kitchen 부엌, 주방
9	그는 다른 시험을 준비하기 위해 집으로 돌아갔다.	
hint	~을 준비하다 prepare for	other 다른
10	그녀는 집을 정리하기 위해 청소할 필요가 있다.	
hint		organize 정리하다, 조직하다

No.	Korean	English
11	나는 액상 비누를 살 필요가 있다.	
hint	액상비누 liquid soap	liquid 액체, 유동체
12	나는 대출을 좀 가질 필요가 있다.	
hint		loan 대출금
13	그는 그 지역 도서관에 방문하고 싶었다.	
hint		local 지방의, 지방적인
14	우리 어머니는 항상 나를 도우려고 노력하신다.	
hint		me 나를, 나에게
15	나는 문의 자물쇠를 열 필요가 있다.	
hint		lock 자물쇠, 잠그다

정답

1 I have muscles to support my body.
2 I have a big mouth to eat a lot.
3 She needs more friends to help her.
4 The monkey needs something to eat.
5 This is a good moment to share my idea.
6 I will go outside to have some fresh air.
7 The child got out of bed to watch TV.
8 My family works together to clean the kitchen.
9 He went back home to prepare for the other test.
10 She needs to clean to organize the house.

11 I need to buy liquid soap.
12 I need to get some loans.
13 He wanted to visit the local library.
14 My mother always tries to help me.
15 I need to open the lock on the gate.

Unit 4. 관계대명사

[주어＋동사~]가 있는 문장이 명사를 수식할 때 관계대명사가 쓰이는데,
수식하는 문장 안에서 주어 역할, 목적어 역할, 소유격 역할을 할 수 있습니다.

▶ C5U4

문형 익히기

사람 명사를 수식하는 who / whom / whose

This / is the man / who broke the window.
이 사람은 / 그 남자이다 /　　　그 창문을 깨뜨린

I / met / the man / who(m) my son likes.
나는 / 만났다 / 그 남자를 /　　내 아들이 좋아하는

I / have / a friend / whose mother is a teacher.
나는 / 있다 / 친구가 /　　　어머니가 선생님인

> **Sunny Talk**
> 명사를 수식하는 관계대명사절에서
> who는 주어 역할,
> whom은 목적어 역할을 합니다.
> whose는 소유격 역할을 하면서
> 문장을 수식합니다.

+① 사물 명사를 수식하는 which

· **My father / bought / a watch / which I like.**
우리 아버지는 /　사 주셨다 /　시계를 /　　내가 좋아하는

+② 사람이나 사물을 모두 수식할 수 있는 that

· **I / will do / everything / that I can do.**
나는 / 할 것이다 / 모든 것을 /　　내가 할 수 있는

> **Sunny Talk**
> 주어가 everything, something 등 '-thing'으로 끝나는 명사는
> 반드시 that을 사용하여 수식해야 합니다.

+③ 목적격 관계대명사의 생략

· **This / is the car / (that) my sister wanted to buy.**
이것은 /　그 자동차이다 /　내 여동생이 사고 싶었던

> **Sunny Talk**
> 관계대명사 뒤에 [주어＋동사 ~]가 나오면
> 관계대명사 whom/which/that은 보통 생략됩니다.

문장 만들기 관계대명사를 사용하여 문장을 수식해 봅시다.

> 내가 어제 본 영화는 재미있었다. →

① 문장의 형식을 생각하면서 각 단어의 문장성분을 파악합니다.

　→ 내가 어제 본 영화는 / 재미있는 / ~였다
　　　　　주어　　　　보어　　　동사

② 영어 어순에 맞춰 어순을 재배치합니다.

　　1주어　　　　　　　　　2동사　　3보어
　→ 내가 어제 본 영화는 / ~였다 / 재미있는

③ 해당하는 영어 어휘를 떠올리면서 <u>관계대명사</u>를 사용하여 문장을 수식합니다.

　• 영화 / 내가 본 / 어제 → The movie / that I watched / yesterday

　→ The movie that I watched yesterday / was / fun.

> The movie that I watched yesterday was fun.

④ 반복 훈련을 통해, 문장 형식을 포함한 기본 감각과 관계대명사로 수식하는 방법을 익힙니다.

Q. 관계대명사를 사용하여 '내가 본 영화'에 대해 이야기해 보세요.

A Last week, I went to the movie theater that opened recently.
When I arrived there, I bought some popcorn that my girlfriend likes.
We saw the animation movie 'Frozen' that we really wanted to watch.
The story was about a princess who has special magic power and her younger sister who is pure and loves her sister and her country.
It was the most fun movie (that) I've ever seen.

지난주, 나는 최근에 개장한 극장에 갔습니다.
내가 그곳에 도착했을 때, 나는 내 여자 친구가 좋아하는 팝콘을 좀 샀습니다.
우리는 우리가 정말로 보고 싶었던 만화영화인 '겨울왕국'을 봤습니다.
그 이야기는 특별한 마법의 힘을 가진 공주와 순수하고 언니와 나라를 사랑하는 동생에 대한 것이었습니다.
그것은 내가 본 영화 중 가장 재미있는 영화였습니다.

기초 훈련 관계대명사 문장을 연습해 봅시다.

관계대명사를 사용하여 명사를 수식하는 다양한 문장을 익힙니다.

1. 그는 / 나의 친구이다 / 나를 좋아하는

→ He is my friend who likes me.

2. 그는 / 나의 친구이다 / 나와 학교에 함께 다니는

→ He is my friend who goes to school with me.

3. 그는 / 나의 친구이다 / 어제 나에게 생일 선물을 사 준

→ He is my friend who bought me a birthday present yesterday.

4. 나는 / 시계를 샀다 / 내가 사기를 원했던

→ I bought a watch that I wanted to buy.

5. 나는 / 시계를 샀다 / 내가 상점에서 보았던

→ I bought a watch that I had seen at the store.

Sunny Talk
과거보다 더 이전의 과거를 표현할 때
'과거완료 had+p.p'를 사용합니다.
시계를 산 것보다 상점에서 본 것이 더 과거이기 때문에
과거완료 had seen을 사용합니다.

익히기 주어진 단어를 참고하여 영작해 보세요.

 p.202

> Words 좋아하다 like / 항상 always / 친절한 kind / 알다, 알고 있다 know / 만나다 meet / 잃어버리다 lose /
> 사다 buy

1. 나는 내게 항상 친절한 우리 선생님을 좋아한다.
   주어+동사+목적어+who~

2. 나는 나를 좋아하는 개 한 마리를 가지고 있다.
   주어+동사+목적어+which~

3. 너는 내가 어제 만난 학생을 알고 있니?
   Do+주어+동사+목적어+(whom)~

4. 나는 어제 산 영어책을 잃어버렸다.
   주어+동사+목적어+(that)~

5. 나는 이름이 Tom인 소년을 만났다.
   주어+동사+목적어+whose~

문법 PLUS+

! 관계대명사 what

✓ 수식하는 명사를 포함하는 관계대명사 : 다음 예문처럼 'the thing that'을 what으로 간단히 줄여서
  사용할 수 있습니다.

  This is the thing that I like. → This is what I like.
  이것은 내가 좋아하는 것이다.   이것은 내가 좋아하는 것이다.

!! 관계부사 where와 when

✓ which/that 대신 수식하는 명사가 장소일 때는 where, 시간일 때는 when을 사용할 수 있습니다.

  ① 관계대명사+장소전치사 → where

  This is the place which I lived in. → This is the place where I lived.
  이곳은 내가 살던 곳이다.

  ② 관계대명사+시간전치사 → when

  This is the day which I met my husband on. → This is the day when I met my husband.
  이 날은 내가 남편을 만난 날이다.

말하기 훈련

* 다음 문장을 영작한 후, 정확하고 자연스럽게 말할 때까지 반복하여 따라 해 보세요.

▶ **확장 훈련 >**

▶ C5U4-1

No.	Korean	English
1	나는 / 부엌에 있었던 감자를 / 먹었다.	
hint	관계대명사(주격) / the potatoes which were in the kitchen	potato 감자
2	그녀는 / 중요하지 않은 그 회의를 / 연기했다.	
hint	관계대명사(주격) / that meeting which was not important	postpone 연기하다
3	우리 어머니는 / 매우 맛있는 이 돼지고기를 / 샀다.	
hint	관계대명사(주격) / this pork which is very delicious	pork 돼지고기
4	이것은 / 한국 가수에 의해 작곡된 인기 있는 노래 / 이다.	
hint	관계대명사(주격) / a popular song which was composed by a Korean singer	popular 인기 있는
5	나는 / 작년에 지어진 수영장에 / 갔다.	
hint	관계대명사(주격) / the pool which was built last year	pool 수영장
6	내 남편은 / 내가 갖고 싶었던 아름다운 반지를 / 내게 / 사 줬다.	
hint	관계대명사(목적격) / a beautiful ring that I wanted to have	ring 반지, 울리다
7	나는 / 우리 어머니가 좋아하는 부자 친구가 / 있다.	
hint	관계대명사(목적격) / a rich friend who my mother likes	rich 부유한, 돈 많은
8	나는 / 내가 기대했던 시험 결과를 / 봤다.	
hint	관계대명사(목적격) / the test results which I expected	result 결과, 성과
9	그 식당 종업원은 / 내가 주문한 음식을 / 가져왔다.	
hint	관계대명사(목적격) / the food which I ordered	restaurant 식당

No.	Korean	English
10	그는 / 많은 사람들이 좋아하는 책임감 있는 사람 / 이다.	
hint	관계대명사(목적격) / a responsible man who many people like	responsible 책임감 있는
11	나는 / 그의 배가 바다에 있는 남자를 / 봤다.	
hint	관계대명사(소유격) / the man whose boat was on the sea	sea 바다
12	나는 / 그의 영화 대본이 매우 흥미로운 그 남자에게 / 말했다.	
hint	관계대명사(소유격) / the man whose movie script was very interesting	script 대본, 손으로 쓴 것
13	나는 / 우리 학교에서 점수가 최고인 소년에 대해 / 들었다.	
hint	관계대명사(소유격) / the boy whose score was the best in our school	score 점수
14	나는 / 매우 오래된 저울을 가진 친구가 / 있다.	
hint	관계대명사(소유격) / a friend whose scale is very old	scale 저울, 규모, 눈금
15	나는 / 능력이 뛰어난 그 엔지니어에 / 만족한다.	
hint	관계대명사(소유격) / the engineer whose ability is excellent	satisfy 만족시키다

정답

1 I ate the potatoes which were in the kitchen.
2 She postponed that meeting which was not important.
3 My mother bought this pork which is very delicious.
4 This is a popular song which was composed by a Korean singer.
5 I went to the pool which was built last year.
6 My husband bought me a beautiful ring that I wanted to have.
7 I have a rich friend who my mother likes.
8 I saw the test results which I expected.
9 The restaurant waiter brought the food which I ordered.
10 He is a responsible man who many people like.
11 I saw the man whose boat was on the sea.
12 I spoke to the man whose movie script was very interesting.
13 I heard about the boy whose score was the best in our school.
14 I have a friend whose scale is very old.
15 I am satisfied with the engineer whose ability is excellent.

No.	Korean	English
1	나무는 사람이 필요로 하는 자연 자원이다.	
hint	자연의 natural	resource 자원
2	내 아들은 내가 분 빨간 풍선을 좋아한다.	
hint		red 빨간, 붉은
3	그는 내가 일하는 병원에서 회복하는 중이다.	
hint		recover 회복하다
4	그녀는 내가 그녀를 위해 사 준 책을 읽었다.	
hint		read 읽다
5	그녀는 내가 좋아하는 희귀한 보석을 모은다.	
hint	보석 gem	rare 드문, 진기한
6	나는 그의 셔츠가 파란색인 소년을 보고 싶다.	
hint		shirt 셔츠
7	나는 가장 좋아하는 장난감이 조개껍질인 아들이 있다.	
hint	조개 껍데기 seashell	favorite 가장 좋아하는
8	그녀는 초콜릿을 제일 좋아하는 딸이 있다.	
hint		she 그녀
9	내 여동생은 그의 작품이 대회에서 2등을 한 남자를 만났다.	
hint	미술품 artwork	second 두 번째의
10	나는 내 여행에 필요한 정보를 찾아야 한다.	
hint		search 찾다

No.	Korean	English
11	젊고 강한 그 남자는 우리를 보호할 수 있다.	
hint		protect 보호하다, 지키다
12	성공적이었던 내 투자는 큰 흑자를 만들었다.	
hint	투자 investment	profit 이익
13	많은 책을 쓴 그 교수는 도서관에 왔다.	
hint		professor 교수
14	쇼핑하기 좋아하는 내 여동생은 그 상품을 샀다.	
hint		product 생산품
15	나는 물병에 있는 주스를 부었다.	
hint	물병, 항아리 pitcher	pour 퍼붓다

정답

1. Trees are natural resources that people need.
2. My son likes the red balloon that I blew up.
3. He is recovering at the hospital that I work at.
4. She read the book which I bought for her.
5. She collects rare gems that I like.
6. I want to see the boy whose shirt is blue.
7. I have a son whose favorite toy is a seashell.
8. She has a daughter whose favorite food is chocolate.
9. My sister met the man whose artwork took second place in the contest.
10. I have to search for the information that I need for my trip.
11. The man who is young and strong can protect us.
12. My investments which were successful made a big profit.
13. The professor who wrote many books came to the library.
14. My sister who loves to shop bought the product.
15. I poured the juice which was in the pitcher.

Unit 5. 분사

명사를 수식하는 방법으로, 분사에는 과거분사[동사원형＋ed],
현재분사[동사원형＋ing]가 있습니다.

▶ C5U5

문형 익히기

명사＋과거분사

I / like / the car parked / over there.

나는 / 좋아한다 / 주차된 그 차를 /　　저쪽에

명사＋현재분사

I / know / the man dancing / on the stage.

나는 / 안다 /　춤을 추고 있는 그 남자를 /　　무대에서

> **Sunny Talk**
> 과거분사의 수식을 받는 명사는
> 행동을 당하는 의미이고,
> 현재분사의 수식을 받는 명사가
> 직접 행동한다는 의미를 나타냅니다.

+① 문장 전체를 수식 : 주어＋동사~＋(분사 구문~)

· Scolded by her teacher, / she / looked / unhappy.

　자기 선생님에게 야단맞아서 /　　　　그녀는 / 보였다 /　　슬픈

· Many people / are gathering / talking about the new teacher.

　많은 사람들은 /　　　모이고 있다 /　　새로운 선생님에 대해 이야기하면서

> **Sunny Talk**
> 분사는 보통 명사 뒤에서 수식하지만,
> 문장 앞이나 뒤에서 문장 전체를 수식하기도 합니다.

+② 명사 앞에서 수식 : 분사＋명사

· I / saw / a sleeping baby / in the room.

　나는 / 봤다 / 자고 있는 아기를 /　　　　방에서

> **Sunny Talk**
> 분사 단독으로 명사를 수식할 때는
> 보통 명사 앞에 위치합니다.

· I / have to fix / the broken window.

　나는 / 수리해야 한다 /　깨진 창문을

문장 만들기 분사를 사용하여 문장을 수식해 봅시다.

나는 어제 영어로 쓰여진 편지를 받았다. →

① 문장의 형식을 생각하면서 각 단어의 문장성분을 파악합니다.

→ 나는 / 어제 / 영어로 쓰여진 편지를 / 받았다
　주어　　부가사항　　　분사　　목적어　　동사

② 영어 어순에 맞춰 어순을 재배치합니다.

　1주어　2동사　　　　　분사　　3목적어　4부가사항
→ 나는 / 받았다 / 영어로 쓰여진 편지를 / 어제

③ 해당하는 영어 어휘를 떠올리면서 <u>분사</u>를 사용하여 문장 요소를 수식합니다.

• 편지 / 쓰여진 / 영어로 → the letter / written / in English

→ I / received / the letter written in English / yesterday.

I received the letter written in English yesterday.

④ 반복 훈련을 통해, 문장 형식을 포함한 기본 감각과 분사로 수식하는 방법을 익힙니다.

Q. 분사를 사용하여 '나의 회사'에 대해 이야기해 보세요.

A My company is located in the center of my city, Suwon.
You can see two big buildings standing near the small lake.
There are over 200 cars parked in my company parking lot, and you can see many people walking in and out of the company.
Many employees wear casual jeans working in the company because my company atmosphere is more flexible than other companies.

내 회사는 우리 도시인 수원의 중앙에 위치해 있습니다.
작은 호수 주변에 서 있는 두 개의 큰 빌딩이 있습니다.
내 회사 주차장에는 200대 이상의 주차된 차가 있고, 회사 안팎으로 걸어가는 많은 사람들이 있습니다.
많은 사원들은 회사에서 청바지를 입고 일하는데 회사의 분위기가 다른 회사보다 자유롭기 때문입니다.

기초 훈련 분사를 사용한 문장을 연습해 봅시다.

분사를 사용하여 명사를 수식하는 다양한 문장을 익힙니다.

1. 저기서 노래하고 있는 소년은 / 이다 / 나의 아들

→ The boy singing over there is my son.

2. 밖에서 놀고 있는 소년은 / 이다 / 나의 아들

→ The boy playing outside is my son.

3. 무대에서 춤추고 있는 소년은 / 이다 / 나의 아들

→ The boy dancing on the stage is my son.

4. 나는 / 보았다 / 차를 / 주차장에 주차된

→ I saw the car parked in the parking lot.

5. 나는 / 보았다 / 차를 / 거리에 멈춰 있는 (고장 나서)

→ I saw the car stopped on the street.

익히기 주어진 단어를 참고하여 영작해 보세요.

> Words 둘러싸다 surround / 읽다 read / 쓰다 write / 중국어 Chinese / 견인하다 tow / 경찰 police /
> 좋아하다 like / 노래하다 sing / 가수 singer / 무대 stage / ~와 이야기하다 talk with

1. 학생들에게 둘러싸인 선생님이 계시다.
   there is[are]~ 주어+과거분사

   _____

2. 나는 중국어로 쓰여진 책을 읽을 수 없다.
   주어+동사+목적어+과거분사

   _____

3. 너는 경찰에 의해 견인된 자동차를 봤니?
   did+주어+동사+목적어+과거분사

   _____

4. 나는 무대에서 노래하는 저 가수를 좋아한다.
   주어+동사+목적어+현재분사

   _____

5. 네 어머니와 이야기하는 저 소년은 누구니?
   who+동사+보어+현재분사

   _____

문법 PLUS+

> **! 다양하게 쓰이는 과거분사**
>
> ✓ 과거분사가 be동사와 쓰이면 수동의 뜻을 나타내는 수동태로, 조동사 have와 함께 쓰이면 완료 시제를
>   나타냅니다.
>
>   The car was sold yesterday. (수동태 : be+과거분사)
>   그 차는 어제 팔렸다.
>
>   I have already sold my car. (완료 시제 : have+과거분사)
>   나는 내 차를 이미 팔았다.

말하기 훈련

* 다음 문장을 영작한 후, 정확하고 자연스럽게 말할 때까지 반복하여 따라 해 보세요.

▶ **확장 훈련 >**

▶ C5U5-1

No.	Korean	English
1	빵에 버터를 바르고 있는 소년은 / 내 아들 / 이다.	
hint	현재분사 / the boy spreading the butter on the bread	spread 펼치다, 퍼지다
2	나는 / 강한 정신력을 위해 / 요가를 하는 여자를 / 알고 있다.	
hint	현재분사 / the woman practicing yoga	spirit 정신, 영혼
3	선생님은 / 그녀의 연설을 연습하는 소녀를 / 봤다.	
hint	현재분사 / the girl practicing her speech	speech 연설
4	나는 / 저쪽에서 신 포도를 먹고 있는 소녀를 / 봤다.	
hint	현재분사 / the girl eating sour grapes	sour 시큼한, 신
5	나는 / 마음에서 / 죄책감을 느끼고 있는 여자를 / 만났다.	
hint	현재분사 / the lady feeling guilty	soul 영혼, 정신
6	나는 / 항상 미소 짓는 우리 어머니를 / 본다.	
hint	현재분사 / my mother always smiling	smile 미소 짓다
7	나는 / 자신의 신발로 / 거미를 때려잡는 어린 소년을 / 봤다.	
hint	현재분사 / the little boy smashing the spider	smash 박살내다, 분쇄(하다)
8	나는 / 수업 동안 / 필기를 하는 똑똑한 학생을 / 본다.	
hint	현재분사 / a smart student taking notes / 필기를 하다 take notes	smart 똑똑한
9	나는 / 수영장에서 / 수영하는 작은 소년을 / 봤다.	
hint	현재분사 / the small boy swimming	small 작은, 어린
10	나는 / 빙판에 / 미끄러지는 소녀를 / 알아차렸다.	
hint	현재분사 / the girl slipping	slip 미끄러지다

No.	Korean	English
11	나는 / 겨울에 / 특별한 항아리에 / 저장된 김치를 / 좋아한다.	
hint	과거분사 / kimchi stored	winter 겨울
12	나는 / 프랑스에서 / 만들어진 와인을 / 좋아한다.	
hint	과거분사 / the wine made	wine 포도주
13	동물원 사육사들에 의해 / 훈련된 약간의 야생동물들이 / 있다.	
hint	과거분사 / some wild animals trained by zookeepers	wild 야생의, (토지가) 황폐한
14	나는 / 흰 캔버스에 Andy Warhol이 그린 그림을 / 좋아한다.	
hint	과거분사 / the painting painted / 캔버스천 canvas	white 흰, 백색의
15	어제 / 교체한 바퀴가 / 사고를 / 야기했다.	
hint	과거분사 / the wheel changed / ~을 야기하다 cause	wheel (수레)바퀴

정답

1 The boy spreading the butter on the bread is my son.
2 I know the woman practicing yoga for her strong spirit.
3 The teacher saw the girl practicing her speech.
4 I saw the girl eating sour grapes over there.
5 I met the lady feeling guilty in her soul.
6 I see my mother always smiling.
7 I saw the little boy smashing the spider with his shoe.
8 I see a smart student taking notes during class.
9 I saw the small boy swimming in the pool.
10 I noticed the girl slipping on the ice.
11 I like kimchi stored in a special jar in winter.
12 I like the wine made in France.
13 There are some wild animals trained by zookeepers.
14 I like the painting painted on a white canvas by Andy Warhol.
15 The wheel changed yesterday caused the accident.

▶ 집중 훈련 >>   ▶ C5U5-2

No.	Korean	English
1	우리 아버지는 바닥에 미끄러지는 소녀를 보셨다.	
hint		slide 미끄러지다
2	나는 벤치에 앉아 있는 졸린 사람들을 봤다.	
hint		sleepy 졸린
3	나는 농장에서 노예처럼 일하는 내 친구를 지켜봤다.	
hint		slave 노예
4	나는 하늘을 쳐다보고 있는 소년을 주목했다.	
hint		sky 하늘
5	나는 저쪽에 치마를 입고 있는 여자를 좋아한다.	
hint		skirt 치마
6	John은 많은 팬에 둘러싸여서 근력 운동을 했다.	
hint		weight 무게, 중량
7	나는 지난주 지어진 마을을 보고 싶다.	
hint		village 마을
8	이것은 어제 받은 승리의 트로피이다.	
hint		victory 승리
9	나는 어제 손상된 기차를 발견했다.	
hint		train 기차, 훈련하다
10	나는 아스날 FC로부터 이적된 선수를 좋아한다.	
hint		trade 교환하다, 거래(하다)

No.	Korean	English
11	나는 고장 난 선로를 고치려고 노력한다.	
hint		track 선로, 길, 지나간 자국, 흔적
12	나는 어제 잃어버린 장난감을 찾았다.	
hint		toy 장난감
13	이것들은 내 남동생이 산 영화표들이다.	
hint		ticket 표, 승차[입장]권
14	이것은 범죄자에 의해 훔쳐진 차량이다.	
hint		vehicle 차량, 탈것
15	나는 내 은행에서 인출된 돈을 찾고 있는 중이다.	
hint		withdraw (돈을) 인출하다

정답

1 My father saw the girl sliding on the floor.
2 I saw the sleepy people sitting on a bench.
3 I watched my friend working like a slave on the farm.
4 I noticed the boy looking at the sky.
5 I like the lady wearing a skirt over there.
6 John did his weight training surrounded by many fans.
7 I want to see the village established last week.
8 This is the victory trophy won yesterday.
9 I found the train damaged yesterday.
10 I like the player traded from Arsenal FC.
11 I try to fix the broken track.
12 I found the toy lost yesterday.
13 These are the movie tickets bought by my brother.
14 This is the vehicle stolen by the criminal.
15 I am looking for the money withdrawn from my bank.

확인하기

* 앞에서 배운 문장의 수식 방법 중 어떤 것이 쓰였는지 표시하고,
주어진 단어를 사용하여 영작해 보세요.

정답 p.202

ex. 나는 서울에 산다.

| 전치사 | I live in Seoul. |

확장 훈련 >

1. 나는 내 친구와 숙제를 한다.
   주어+동사+목적어+[부가사항]

2. 나는 새 집을 사기 위해 돈을 번다.
   주어+동사+목적어+[부가사항]

3. 나는 내가 좋아하는 책을 샀다.
   주어+동사+목적어+[부가사항]

4. Jane은 내가 아는 친구를 만났다.
   주어+동사+목적어+[부가사항]

5. 나는 벽에 그 그림을 걸 것이다.
   주어+동사+목적어+[부가사항]

6. 저곳에서 미소 짓고 있는 남자분은
   우리 아버지이시다.
   주어+[부가사항]+동사+보어

7. 나는 우리 가족을 정말로 사랑한다.
   주어+[부가사항]+동사+목적어

8. 나는 한국에서 만들어진 카메라를 한 대 샀다.
   주어+동사+목적어+[부가사항]

9. 나는 7시에 공원에서 내 친구를 만날 것이다.
   주어+동사+목적어+[부가사항]

10. 나는 나를 도와줄 친구들이 있다.
    주어+동사+목적어+[부가사항]

Words 걸다 hang / 그림 picture / 돈을 벌다 earn money / 돕다 help / 만들다 make / 미소 짓다 smile / 벽 wall / 사랑하다 love / 숙제 homework / 친구 friend / 카메라 camera

집중 훈련 >>

1. 내 아파트 뒤에 공원이 있다.   [ ] _____

2. 나는 그것을 듣고 매우 유감스럽다.   [ ] _____

3. 나는 서울에 사는 친구를 만났다.   [ ] _____

4. 나는 어제 도난 당한 차를 발견했다.   [ ] _____

5. 나는 내 친구를 통해 내 아내를 만났다.   [ ] _____

6. 나는 우리 어머니의 생신을 위해 선물을 샀다.   [ ] _____

7. 영어는 매우 유용한 언어이다.   [ ] _____

8. 너는 영어로 쓰여진 책을 읽을 수 있니?   [ ] _____

9. 내가 어제 본 영화는 재미있었다.   [ ] _____

10. 그것은 매우 재미있는 영화이다.   [ ] _____

11. Mr. Kim은 길에서 고장 나 있는 차를 봤다.   [ ] _____

12. 내 남동생은 학교에 가기에 너무 어리다.   [ ] _____

13. 나는 나의 새 시계를 살 돈이 좀 필요하다.   [ ] _____

14. 잔디밭에 앉아 있는 소년은 내 아들이다.   [ ] _____

15. 나는 요즘 때때로 일기를 쓴다.   [ ] _____

Words ~을 통해 through / 고장 난 broken / 도난 당한 stolen / 때때로 sometimes / 선물 present /
아파트 apartment / 언어 language / 영화 movie / 유감스러운 sorry / 유용한 useful /
일기를 쓰다 keep a diary / 잔디(밭) grass

Unit 1. 전치사 p.163

1. I do my homework after school.
2. My mother is sleeping in the room.
3. I take a walk with my dog.
4. There are two books on the desk.
5. I have to finish the report by tomorrow.

Unit 2. 형용사와 부사 p.171

1. I have an empty box.
2. English is a useful language in Korea.
3. There is a big tree in front of my house.
4. I want to speak English well.
5. I played soccer yesterday.

Unit 3. to부정사 p.179

1. I have some magazines to read.
2. We are ready to have a meeting.
3. Do you have something to eat?
4. I go to school to study.
5. I am too old to work.

Unit 4. 관계대명사 p.187

1. I like my teacher who is always kind to me.
2. I have a dog which likes me.
3. Do you know the student (whom) I met yesterday?
4. I lost the English book (that) I bought yesterday.
5. I met the boy whose name is Tom.

Unit 5. 분사 p.195

1. There is the teacher surrounded by students.
2. I can't read the book written in Chinese.
3. Did you see the car towed by the police?
4. I like the singer singing on the stage.
5. Who is the boy talking with your mother?

확장 훈련 > p.200

1. 전치사 | I do my homework with my friend.
2. to부정사 | I earn money to buy a new house.
3. 관계대명사 | I bought the book that I like.
4. 관계대명사 | Jane met the friend (whom) I know.
5. 전치사 | I will hang the picture on the wall.
6. (현재)분사 | The man smiling over there is my father.
7. 부사 | I really love my family.
8. (과거)분사 | I bought the camera made in Korea.
9. 전치사 | I will meet my friend at the park at 7.
10. to부정사 | I have friends to help me.

집중 훈련 >> p.201

1. 전치사 | There is a park behind my apartment.
2. 부사, to부정사 | I am very sorry to hear that.
3. 관계대명사 | I met a friend who lives in Seoul.
4. (과거)분사, 부사 | I found the stolen car yesterday.
5. 전치사 | I met my wife through my friend.
6. 전치사 | I bought the present for my mother's birthday.
7. 부사, 형용사 | English is a very useful language.
8. (과거)분사, 전치사 | Can you read the book written in English?
9. 관계대명사 | The movie (which) I saw yesterday was fun.
10. 부사, 형용사 | It is a very fun movie.
11. (과거)분사, 전치사 | Mr. Kim saw the car broken on the street.
12. to부정사 | My brother is too young to go to school.
13. 형용사, to부정사 | I need some money to buy my new watch.
14. (현재)분사 | The boy sitting on the grass is my son.
15. 부사 | I sometimes keep a diary these days.

Part II

단어 **Key Words**

MP3
무료 제공

blog.naver.com/languagebook

Step One. 기초 단어 500

* 다음 단어의 뜻을 익히고, 반복하여 따라 해 보세요.

▶ W01　　　　　　　　　　　　　　　　　　▶ W02

No.	English	Korean	No.	English	Korean
1	about	～에 대하여, 대략	26	any	어느, 어떤
2	above	～ 위에	27	apartment	아파트
3	accept	받다	28	appear	나타나다
4	across	가로질러	29	area	지역
5	act	행동(하다)	30	arm	팔, (-s) 무기
6	add	더하다	31	around	～ 주위에
7	advise	충고하다, 조언하다	32	arrive	도착하다
8	afraid	두려워하는	33	ask	묻다, 부탁하다
9	after	～ 후에	34	at	(시간, 장소) ～에
10	again	다시	35	attend	출석하다
11	against	～에 반대하여	36	autumn	가을
12	age	나이, 시대	37	avoid	피하다
13	agree	동의하다	38	away	떨어져
14	air	공기, 방송하다	39	back	뒤(로), 등
15	all	모든	40	basket	바구니
16	allow	허락하다	41	bath	목욕
17	almost	거의	42	bear	낳다, 참다, 곰
18	alone	홀로	43	because	～이기 때문에
19	already	이미, 벌써	44	become	～이 되다
20	although	비록 ～일지라도	45	before	～ 앞에, 이전에
21	always	항상	46	behind	뒤에
22	among	～의 사이에	47	believe	믿다
23	and	그리고	48	beside	～의 곁에
24	another	또 하나의	49	between	～의 사이에
25	answer	대답(하다)	50	big	큰

No.	English	Korean	No.	English	Korean
51	bird	새	76	cause	원인, 야기하다
52	blue	파란색(의), 파랑, 우울한	77	celebrate	축하하다
53	body	몸	78	center	중심, 중앙
54	book	책	79	chance	기회, 운, 우연
55	borrow	빌리다	80	change	바꾸다, 변하다
56	both	양쪽 다, 양쪽의	81	cheap	(값이) 싼
57	bottle	병	82	check	점검(하다), 대조(하다), 수표
58	boy	소년	83	cheer	응원하다, 환호(하다)
59	branch	가지, 지점	84	choose	고르다, 선택하다
60	brave	용감한	85	church	교회
61	break	부수다	86	city	도시
62	bridge	다리	87	class	수업, 학급
63	bright	밝은, 영리한	88	clean	청소하다, 깨끗한
64	bring	데려오다, 가져오다	89	clear	맑은, 명백한, 깨끗하게 하다
65	build	짓다, 건축하다	90	clock	시계
66	burn	타다, 태우다	91	close	닫다
67	business	사업, 일, 상업	92	cold	추운
68	busy	바쁜, 번화한	93	collect	모으다, 수집하다
69	butter	버터	94	company	회사, 일행
70	by	～의 옆에, ～까지, (운송수단) ～에 의하여	95	condition	조건, 상태
71	camera	사진기	96	cook	요리하다, 요리사
72	care	돌보아줌, 걱정(하다), 조심	97	cool	시원한, 냉정한
73	carry	나르다	98	corner	모퉁이, 구석
74	case	상자, 경우	99	count	수를 세다
75	catch	붙잡다	100	country	나라, 국가, (the -) 시골

No.	English	Korean	No.	English	Korean
101	cover	덮다, 덮개, 표지	126	east	동쪽(의)
102	cow	소	127	easy	쉬운
103	cross	횡단하다	128	eat	먹다
104	culture	문화, 교양	129	education	교육
105	dance	춤(추다)	130	either	(둘 중) 어느 하나
106	dark	어두운	131	empty	빈, 비우다
107	date	데이트(를 하다), 날짜, 약속	132	end	끝, 목적, 끝나다
108	dead	죽은	133	engine	엔진, 기관차
109	decide	결정하다	134	enjoy	즐기다
110	deep	깊은, 깊게	135	enough	충분한, 충분히
111	depend	의지하다	136	enter	들어가다, 입학하다
112	develop	발달하다, 개발하다	137	equal	같은, ~와 같다
113	die	죽다	138	escape	달아나다
114	difficult	어려운	139	even	~조차도
115	disappear	사라지다	140	event	행사, 사건
116	discuss	토론하다	141	ever	일찍이, 언젠가
117	doctor	의사, 박사	142	every	모든, ~마다, 매(每)~
118	draw	(그림을) 그리다	143	example	예, 보기
119	dream	꿈(꾸다)	144	excuse	용서하다, 변명
120	dress	의복, 복장, 옷을 입(히)다	145	exercise	운동(하다), 연습
121	drive	운전하다	146	expect	기대하다
122	during	~ 동안	147	experience	경험(하다)
123	each	각각의	148	explain	설명하다
124	early	일찍	149	face	얼굴, 직면하다
125	earth	지구, 땅	150	fact	사실

No.	English	Korean	No.	English	Korean
151	fall	떨어지다, 가을, (-s) 폭포	176	fresh	신선한, 새로운
152	family	가족	177	friend	친구
153	famous	유명한	178	from	~로부터
154	far	먼, 멀리	179	front	앞(의), 앞면
155	fast	빠른	180	fruit	과일
156	fat	살찐, 지방	181	full	가득한, 충분한
157	father	아버지	182	future	미래(의)
158	feel	느끼다	183	garden	정원
159	field	밭, 들, 경기장	184	gather	모으다, 모이다
160	fight	싸우다, 전투	185	get	~이 되다, 얻다, 사다
161	fill	채우다, 가득하다	186	girl	소녀
162	find	발견하다	187	give	주다
163	fine	날씨가 맑은, 훌륭한, 벌금	188	glass	유리(잔), (-es) 안경
164	finish	끝내다	189	go	가다
165	fix	수리하다, 고정시키다	190	goal	목표, 득점, 목적
166	floor	층, 바닥	191	gold	금
167	fly	날다, 비행기로 가다, 파리	192	good	좋은, 능숙한
168	follow	따르다, 따라가다[오다]	193	grass	잔디(밭), 풀
169	food	음식	194	great	위대한, 큰
170	fool	바보	195	ground	땅, 운동장
171	for	~을 위하여, ~동안, ~을 향하여	196	group	집단, 무리
172	forget	잊다	197	grow	자라다, 성장하다, 재배하다
173	forgive	용서하다	198	guess	추측(하다)
174	form	모양, 형성하다	199	half	절반(의), 30분
175	free	무료의, 자유로운	200	hand	손

No.	English	Korean	No.	English	Korean
201	happen	일어나다	226	jacket	재킷
202	hard	열심히, 어려운	227	job	직업, 일
203	hate	싫어하다	228	jump	뛰다, 도약
204	have	가지고 있다, 먹다[마시다]	229	keep	보관하다, (약속을) 지키다, 계속하다
205	head	머리	230	kid	아이, 새끼 염소
206	health	건강	231	kind	친절한, 종류
207	heart	심장	232	land	착륙하다, 육지
208	heavy	심한, 무거운	233	large	큰, 넓은
209	help	돕다	234	last	최후의, 마지막의
210	here	여기에	235	late	늦은
211	hide	숨(기)다	236	laugh	웃다
212	history	역사	237	lead	인도하다
213	hold	(손에) 잡다, 개최하다	238	learn	배우다
214	hole	구멍	239	leave	떠나다, 남기다
215	holiday	휴일, 휴가	240	left	왼쪽(의), leave의 과거(분사)
216	hope	희망(하다)	241	less	~보다 적은
217	hurt	상처(를 입히다), 아프다	242	let	~하게 하다, ~ 시키다
218	husband	남편	243	letter	편지, 문자
219	idea	생각, 관념	244	life	생명, 생활, 인생
220	ill	병든, 나쁜	245	light	빛, 가벼운, 불을 켜다
221	important	중요한	246	like	좋아하다, ~처럼
222	increase	늘리다	247	line	줄, 선, 전화(선)
223	interest	관심, 흥미(를 일으키다)	248	list	명부, 목록
224	invite	초대하다	249	listen	듣다
225	island	섬	250	little	작은, 거의 ~않다, 조금

No.	English	Korean	No.	English	Korean
251	live	살다	276	money	돈
252	long	긴	277	month	달, 1개월
253	look	∼해 보이다, 보다	278	most	가장 많은, 대개의
254	lose	잃어버리다, (시합에) 지다	279	mother	어머니
255	loud	큰 소리의, 큰 소리로	280	mountain	산
256	love	사랑하다	281	move	이사하다, 움직이다, 감동시키다
257	low	(값이) 저렴한, 낮은, 낮게	282	much	(양이) 많은, 다량(의)
258	luck	운	283	music	음악
259	mail	우편, 우송하다	284	must	∼해야 하다, ∼임이 틀림없다
260	main	주요한	285	name	이름 (붙이다)
261	make	만들다	286	neck	목
262	many	많은	287	need	필요(로 하다)
263	map	지도	288	new	새로운
264	mark	표(시하다)	289	night	밤
265	market	시장	290	noise	소음
266	marry	결혼하다	291	north	북쪽(의)
267	matter	일, 문제, 중요하다	292	nothing	아무것도 (∼없다)
268	mean	의미하다	293	notice	주의, 통지, 게시, 알아차리다
269	meat	고기	294	number	번호, 수
270	member	회원	295	off	(∼에서) 떨어져
271	memory	기억(력), 추억	296	office	사무소, 회사, 관청
272	method	방법	297	often	종종
273	mile	마일	298	old	나이 먹은, 오래된
274	miss	놓치다, 그리워하다	299	once	한 번, 한때
275	mistake	잘못, 착오, 틀리다	300	open	열다

No.	English	Korean	No.	English	Korean
301	opinion	의견	326	present	선물, 현재, 출석하고 있는
302	or	또는, 혹은	327	pretty	예쁜, 귀여운, 꽤, 상당히
303	order	주문(하다), 명령(하다), 순서	328	price	가격, 값, 대가
304	over	끝이 난, ~ 위에, ~ 이상	329	problem	문제
305	own	자기 자신의, 소유하다	330	program	프로그램, 진행 순서, 예정표
306	page	(책의) 쪽, 페이지	331	pull	잡아당기다, 끌다
307	paint	페인트 (칠하다), 그리다	332	push	밀다, 밀기
308	pants	바지	333	queen	여왕
309	paper	종이	334	question	질문, 문제
310	part	부분, 일부, 역할	335	quick	빠른
311	party	파티, 일행, 정당	336	rain	비(가 오다)
312	pass	지나가다, 합격하다, 건네주다	337	reach	닿다, 도착하다
313	pay	지불하다, 치르다, 급료	338	ready	준비된
314	people	사람들	339	reason	이유, 이성(理性)
315	person	사람	340	receive	받다
316	pick	고르다, (꽃 따위를) 따다	341	remember	기억하다, 생각해 내다
317	piece	조각, 한 개, 한 장	342	repeat	반복하다, 되풀이하다
318	place	장소, 위치, ~을 놓다	343	report	보고(하다), 보도
319	plan	계획(하다)	344	respect	존중(하다), 존경(하다)
320	plant	(식물을) 심다, 식물, 공장	345	rest	쉬다, 휴식, (the ~) 나머지
321	play	놀다, 경기하다, 연주하다, 연극	346	return	돌려주다, 돌아오다[가다], 복귀
322	please	기쁘게 하다, 부디	347	rice	쌀, 벼, 밥
323	point	가리키다, 점, 요점	348	ride	(말, 탈것을) 타(고 가)다, 타기, 탐
324	poor	가난한, 가엾은, 서투른	349	right	옳은, 오른쪽의, 권리
325	possible	가능한	350	river	강

No.	English	Korean	No.	English	Korean
351	road	길, 도로	376	shoot	사격하다
352	rock	바위	377	short	짧은
353	rocket	로켓	378	should	~일 것이다, ~해야 하다 (shall의 과거)
354	room	방, 여유	379	shout	외치다, 외침
355	round	둥근, ~의 주위에, 처음부터 끝까지	380	show	보여 주다, 안내하다
356	rule	규칙, 지배(하다)	381	sick	병든, 싫증난
357	safe	안전한, 금고	382	side	옆(구리), 쪽
358	salt	소금	383	similar	비슷한, 유사한
359	same	똑같은	384	simple	간단한, 단순한
360	save	구하다, 저축하다, 절약하다	385	single	독신의, 단 하나의
361	say	말하다, ~라고 쓰여 있다	386	size	(옷 등의) 치수, 크기
362	school	학교, 수업	387	skill	솜씨, 숙련
363	science	과학	388	skin	피부, (동물의) 가죽
364	season	계절, 시기	389	sleep	자다, 잠, 수면
365	seat	좌석, 의석, 자리, 착석시키다, 앉히다	390	slow	느린, (시계가) 늦은, 느리게, 천천히
366	see	보다, 만나다, 알다	391	smell	냄새 (맡다)
367	seem	~처럼 보이다, ~으로 생각되다	392	smoke	연기, 담배 피우다
368	sell	팔(리)다	393	so	그렇게, 그만큼, 매우, 그러므로
369	sentence	문장	394	soft	푹신한, 부드러운, 온화한
370	serious	심각한, 진지한, 중대한	395	solve	풀다, 해결하다
371	serve	(음식을) 내다, 섬기다, 봉사하다	396	some	조금의, 어떤
372	set	놓다, (해, 달이) 지다, 세트, 한 벌	397	song	노래
373	several	여럿의, 몇 사람[개]의	398	sorry	미안한, 유감으로 생각하는
374	ship	배	399	sound	소리
375	shoe	신발	400	south	남쪽(의)

No.	English	Korean	No.	English	Korean
401	space	공간, 우주	426	suggest	제의하다, 암시하다
402	speak	말하다, 연설하다	427	sure	확실한, 믿을 수 있는, 확실히, 물론
403	special	특별한	428	surprise	놀라게 하다, 놀람
404	speed	속력, 속도	429	sweet	단, 향기로운, 기분 좋은
405	spell	철자하다	430	take	~을 가지고[데리고] 가다, 잡다
406	spend	(시간을) 보내다, (돈을) 소비하다	431	taste	맛, 취미, ~한 맛이 있다
407	spring	봄, 샘, 용수철	432	teach	가르치다
408	stand	서다, 참다	433	than	~보다
409	start	시작하다	434	there	거기
410	state	(미국의) 주(州), 상태, 국가	435	think	생각하다
411	station	역, 서(署), 국(局)	436	though	~이기는 하지만
412	stay	머무르다, 체류(하다)	437	thought	생각, 사상, think의 과거(분사)
413	step	걸음, 한걸음, 계단, 걷다	438	through	~을 통하여, ~동안, 꿰뚫어
414	still	아직, 고요한	439	throw	던지다
415	store	가게, 상점, 저장하다	440	tie	매다, 묶다, 비기다, 넥타이
416	story	이야기, (건물의) 층	441	time	시간, 때, (-s) ~회, 배(倍)
417	straight	똑바른, 똑바로	442	together	함께
418	strange	이상한, 낯선	443	tomorrow	내일
419	street	거리	444	tonight	오늘 밤
420	strike	치다, 때리다	445	too	~도 역시
421	strong	강한, 튼튼한	446	toward	~을 향하여, ~쪽으로
422	study	공부하다	447	town	읍, 도시
423	stupid	어리석은	448	traffic	교통
424	succeed	성공하다	449	travel	여행(하다)
425	such	그러한, 이러한	450	tree	나무

No.	English	Korean	No.	English	Korean
451	true	진실한	476	wet	젖은
452	try	노력하다, 해 보다	477	what	무엇, ~것
453	turn	돌다, 회전, 차례	478	when	언제, ~할 때
454	twice	두 번, 두 배로	479	where	어디
455	under	~ 아래에	480	which	어느 (쪽), 어느 것
456	understand	이해하다, 알다	481	while	~하는 동안, 잠시, 잠깐
457	until	~까지	482	who	누구
458	up	위에	483	whole	전체(의), 고스란히, 전부
459	use	사용하다	484	why	왜
460	vegetable	채소	485	wide	넓은, 널리
461	very	매우	486	will	(미래) ~일 것이다
462	visit	방문(하다)	487	win	이기다, 얻다
463	voice	목소리	488	wind	바람
464	wait	기다리다	489	window	창문, 창
465	walk	걷다	490	wing	날개
466	wall	벽	491	wise	현명한
467	want	원하다	492	with	~와 함께
468	warm	따뜻한	493	without	~ 없이
469	wash	씻다, 세탁하다	494	wood	나무, (-s) 숲
470	watch	(지켜)보다, 손목시계	495	work	일(하다), 작품
471	weak	약한	496	world	세계
472	wear	입다, 착용하다	497	worry	걱정하다
473	welcome	환영(하다), 환영 받는	498	write	쓰다
474	well	잘, 건강한, 우물, 글쎄	499	wrong	나쁜, 틀린
475	west	서쪽(의)	500	yellow	노란색(의), 노랑

＊ 다음 단어의 뜻을 익히고, 반복하여 따라 해 보세요.

▶ W21   ▶ W22

No.	English	Korean	No.	English	Korean
1	ability	능력	26	anywhere	어디든지, 어디엔가
2	able	할 수 있는, 유능한	27	apologize	사과하다, 사죄하다
3	abroad	해외로	28	apple	사과
4	accident	사고, 우연히 일어난 일	29	apply	지원하다, 적용하다
5	according (to)	～에 따르면	30	approve	승인하다, 찬성하다
6	account	계좌, 설명하다	31	argue	논하다, 논쟁하다
7	achieve	성취하다, 이루다	32	army	육군, 군대
8	address	주소, 연설하다	33	art	미술, 예술
9	adult	성인	34	artist	화가, 예술가
10	advice	충고, 조언	35	as	～로서, ～하면서
11	affect	영향을 미치다	36	assist	돕다, 거들다
12	afternoon	오후	37	attach	붙이다, 달다
13	agency	대리점	38	attack	공격하다, 습격하다
14	ago	전에	39	attention	주의, 고려
15	ahead	앞으로	40	aunt	아주머니, 숙모
16	airport	공항	41	authority	권위, 권력
17	alive	살아 있는	42	automatic	자동식의, 기계적인
18	along	～을 따라, ～을 끼고	43	available	이용할 수 있는
19	also	또한, 역시	44	average	평균
20	amount	총계, 합계	45	baby	아기
21	anger	화, 성	46	bad	나쁜, 불량한
22	angry	화난	47	bag	가방
23	animal	동물	48	balance	균형(을 이루다)
24	announce	발표하다	49	ball	공
25	ant	개미	50	balloon	풍선, 기구

No.	English	Korean	No.	English	Korean
51	band	밴드, 끈	76	blame	나무라다, 비난하다
52	bank	은행, 제방	77	blank	백지의, 빈칸
53	bar	술집, 막대기	78	blanket	담요
54	base	기초	79	blind	장님의, 눈먼
55	basketball	농구	80	block	구획
56	bathroom	욕실	81	blood	피, 혈액
57	battle	전투, 싸움	82	blow	불다, 바람에 날리다
58	be	있다, 존재한다	83	boat	보트
59	beach	해변	84	boil	끓(이)다
60	beautiful	아름다운	85	bomb	폭탄
61	beef	쇠고기	86	bone	뼈
62	begin	시작하다, 시작되다	87	bonus	보너스, 상여금
63	bell	종, 벨	88	bookstore	서점
64	belong	~에 속하다	89	boss	상관, 상사
65	below	아래에, 아래로	90	bottom	밑바닥, 기초
66	belt	띠, 허리띠	91	bow	절하다
67	bench	벤치, 진열대	92	box	상자
68	bend	구부리다	93	brain	뇌, 지능
69	best	가장 좋은, 최상의	94	break	부서지다, 고장 내다
70	better	더 좋은	95	bread	빵, (일상의) 주식물
71	bill	계산서	96	breakfast	아침 식사
72	birthday	생일	97	breathe	호흡하다
73	bit	작은 조각, 조금	98	brief	간결한
74	bite	물(어뜯)다	99	brother	형제, 형[오빠], 남동생
75	black	검은색(의), 더러운	100	brown	갈색(의)

No.	English	Korean	No.	English	Korean
101	brush	닦다, 솔	126	chain	사슬
102	budget	예산	127	chair	의자
103	building	건물, 건축	128	chairman	의장, 회장
104	bury	묻다	129	challenge	도전하다
105	bus	버스	130	champion	우승자
106	but	그러나, 그렇지만	131	channel	채널
107	buy	사다	132	character	특징, 성격
108	cake	케이크	133	charge	요금, 청구하다
109	calendar	달력	134	chart	도표
110	call	전화하다, 불러내다	135	chase	뒤쫓다
111	calm	고요한, 잔잔한	136	cheese	치즈
112	can	할 수 있는, 양철통	137	chemical	화학적인
113	cancel	취소하다	138	chest	가슴, 흉곽
114	candle	양초	139	chicken	닭고기
115	cap	모자	140	chief	우두머리, 장
116	capital	수도	141	child	아이, 어린이
117	captain	장, 우두머리	142	chin	턱
118	car	자동차	143	circle	원, 원주
119	card	카드	144	citizen	국민, 시민
120	careful	조심스러운, 주의 깊은	145	civilian	일반 국민, 민간인
121	cash	현금, 돈	146	claim	주장하다, 요구하다
122	cat	고양이	147	classical	고전의
123	century	100년	148	clerk	사무원, 점원
124	ceremony	의식	149	climate	기후
125	certain	확실하다고 생각하는, 확신하는	150	climb	오르다

No.	English	Korean	No.	English	Korean
151	cloth	천, 옷감, 직물	176	confirm	확실하게 하다
152	clothes	옷, 의복	177	congratulate	축하하다
153	cloud	구름	178	connect	연결하다
154	club	클럽	179	consider	고려하다
155	coast	해안, 연안	180	contact	접촉(하다)
156	coat	코트	181	contest	경기, 경쟁
157	coffee	커피	182	continent	대륙, 육지
158	coin	동전	183	continue	계속하다
159	college	대학	184	control	통제(하다)
160	color	색(깔)	185	cookie	과자
161	combine	결합시키다	186	cooperate	협력하다, 협동하다
162	come	오다	187	copy	사본, 복사하다
163	comfort	안락, 편안, 위안하다	188	correct	틀림없는, 정확한, 수정하다
164	command	명령하다, 명하다	189	cost	비용(이 들다)
165	comment	평, 비평	190	couple	한 쌍, 부부
166	common	공통의, 공동의	191	course	강의, 과정
167	communicate	의사소통하다	192	court	안마당, 경기장
168	community	공동체, 커뮤니티	193	cousin	사촌
169	compare	비교하다, 대조하다	194	crash	사고, 충돌하다
170	compete	경쟁하다, 겨루다	195	create	창조하다, 창출하다
171	complete	완성하다, 완료하다	196	credit	신뢰, 신용
172	computer	컴퓨터	197	criticize	비평[비판, 평론]하다
173	concern	관심사, 걱정, 관계하다	198	crop	(곡물, 과실, 채소 등) 농작물, 수확물
174	concert	합주, 음악회	199	crowd	군중, 혼잡
175	conference	회의	200	cry	울다

No.	English	Korean	No.	English	Korean
201	cure	치료하다, 고치다	226	depression	우울증, 하락
202	current	지금의, 현재의	227	describe	묘사하다
203	curtain	커튼	228	desert	사막
204	custom	관습, 풍습	229	deserve	~할 만하다
205	cut	베다, 자르다	230	design	설계, 디자인
206	cute	귀여운(=pretty), 영리한(=clever)	231	desire	바라다, 원하다
207	damage	손상(을 주다), 피해	232	desk	책상
208	danger	위험	233	destroy	파괴하다, 멸하다
209	dangerous	위험한	234	detail	세부사항
210	daughter	딸	235	device	장치
211	day	낮, 하루	236	diary	일기
212	deal	다루다	237	dictionary	사전
213	dear	친애하는, 귀여운	238	diet	식단
214	debt	부채, 빚	239	differ	다르다, 의견을 달리하다
215	declare	선언하다, 언명하다	240	different	다른
216	decrease	감소, 줄다	241	dig	파다, 캐내다
217	defeat	격파하다, 지우다	242	dinner	정찬, 만찬
218	defend	지키다, 방위하다	243	diplomat	외교관
219	define	정의하다	244	direct	직접적인, 지시하다
220	degree	정도, 눈금	245	dirty	더러운
221	delay	미루다, 지연시키다	246	disappoint	실망시키다
222	deliver	배달하다	247	discover	발견하다, 찾아내다
223	dentist	치과의사	248	disease	병
224	department	부(문), 과	249	dish	접시, 요리
225	departure	출발, 발차	250	disk	디스크

No.	English	Korean	No.	English	Korean
251	distance	거리, 간격	276	else	그밖에
252	divide	가르다, 갈라지다	277	emergency	비상 사태, 긴급한
253	do	하다, 행하다	278	emotion	감동, 정서
254	document	문서, 서류	279	employ	고용하다
255	dog	개	280	enemy	적
256	doll	인형	281	energy	에너지, 활기
257	dollar	달러	282	enforce	실시하다, 강요하다
258	door	문	283	engineer	엔지니어, 기술자
259	doubt	의심하다	284	entertain	즐겁게 하다
260	down	아래로	285	environment	환경, 주위
261	drink	마시다	286	equipment	장비
262	drop	떨어지다, 방울	287	erase	지우다
263	drug	약, 약제	288	especially	특히, 유달리
264	drum	북	289	establish	설립하다, 확립하다
265	dry	마른, 건조하다	290	estimate	평가하다, 어림하다
266	dust	먼지	291	ethnic	인종의, 민족의
267	duty	의무	292	evaporate	증발하다
268	ear	귀	293	evening	저녁
269	earn	돈을 벌다	294	evidence	증거, 증언
270	effect	결과, 영향	295	evil	나쁜, 사악한
271	effort	노력, 수고	296	exact	정확한, 엄밀한
272	egg	달걀	297	excellent	우수한, 탁월한
273	electricity	전기, 전류	298	except	제외하고
274	element	요소, 성분	299	exchange	교환하다, 주고받다
275	elementary	기본의, 초보의	300	excite	들뜨게 만들다

No.	English	Korean	No.	English	Korean
301	execute	실행하다, 수행하다	326	festival	축제
302	exist	존재하다, 실재하다	327	few	별로 없는
303	exit	출구	328	file	서류철, 파일
304	expand	넓히다	329	film	영화, 필름
305	expensive	비싼, 사치스런	330	final	최종의, 결정적인
306	experiment	실험, 시험	331	finally	최후로, 마침내
307	expert	전문가, 숙련된	332	finger	손가락
308	explode	폭발시키다	333	fire	불
309	explore	탐험하다, 탐구하다	334	firm	견고한
310	export	수출하다	335	first	첫 번째의
311	express	표현하다, 표시하다	336	fish	물고기, 생선
312	extend	뻗다, 늘이다	337	fit	맞다, 적합하다
313	extra	특별한, 가외의	338	flat	평평한
314	eye	눈	339	float	물에 뜨다
315	factory	공장	340	flow	흐름, 흐르다
316	fail	실패하다, 실수하다	341	flower	꽃, 화초
317	fair	공정한	342	fog	안개
318	false	틀린, 거짓의	343	fold	접다, 개키다
319	farm	농장, 농가	344	foot	발, (양말의) 발 부분
320	fault	잘못, 결점	345	force	강요하다, 힘
321	favorite	가장 좋아하는	346	foreign	외국의, 외래의
322	fear	두려움, 공포	347	foreigner	외국인
323	feather	깃털	348	forest	숲, 삼림
324	feed	음식물을 주다, 공급하다	349	former	예전의
325	female	여성(의), 암컷(의)	350	forward	앞으로, 앞에

No.	English	Korean	No.	English	Korean
351	frame	틀, 구조	376	guarantee	보증(하다)
352	freeze	얼다, 얼리다	377	guard	경비 요원
353	friendly	친절한, 다정한, 친한	378	guide	안내자, 가이드
354	frighten	겁먹게[놀라게] 만들다	379	guilty	죄의식이 드는
355	fry	기름에 튀기다	380	guitar	기타
356	fun	재미있는	381	gun	총
357	funny	우스운, 이상한	382	guy	남자, 녀석, 사내
358	gain	얻다, 이기다	383	habit	습관, 버릇
359	game	경기, 게임, 시합	384	hair	머리카락
360	gang	범죄 조직	385	hall	복도, 현관
361	garage	창고, 정비소	386	handsome	잘생긴
362	gas	가스	387	hang	걸(리)다, 매달(리)다
363	gate	문	388	happy	행복한, 행운의
364	general	일반적인	389	harm	해(치다), 손해[손상](을 주다)
365	gentle	상냥한, 온화한	390	hat	모자
366	gentleman	신사	391	he	그
367	gesture	몸짓, 손짓	392	headache	두통, 골칫거리
368	ghost	유령, 망령	393	healthy	건강한, 건전한
369	gift	선물	394	hear	듣다, 들리다
370	glad	기쁜, 반가운	395	heat	열, 더위
371	global	전 세계의	396	her	그녀의, 그녀를[에게]
372	god	신, 하느님	397	high	높은, ~의 높이의
373	govern	통치하다, 지배하다, 관리하다	398	hill	언덕, (나지막한) 산
374	grade	계급, 단계	399	him	그를[에게]
375	green	초록색(의)	400	hire	고용하다

No.	English	Korean	No.	English	Korean
401	his	그의 (것)	426	import	수입하다
402	hit	치다, 부딪치다	427	improve	향상하다, 개선하다
403	hobby	취미	428	in	~ 안에
404	home	집, 가정	429	inch	인치(=2.54cm)
405	hometown	고향	430	incident	사건
406	honest	정직한, 성실한	431	include	포함하다
407	horrible	무서운, 심한	432	increase	증가하다, 늘리다
408	horse	말	433	independent	독립적인
409	hospital	병원	434	indicate	가리키다, 지적하다
410	hot	더운, 뜨거운	435	individual	각각의, 개인의
411	hour	한 시간, 시각	436	industry	산업, 공업
412	house	집, 가옥	437	infect	감염시키다, 오염시키다
413	how	어떠한	438	influence	영향(을 미치다)
414	however	그러나	439	inform	알리다
415	huge	거대한	440	information	정보
416	human	사람의, 인간적인	441	innocent	결백한, 흠 없는
417	humor	유머, 해학	442	insect	곤충
418	hunger	굶주림	443	inside	안쪽, 내부
419	hungry	굶주린	444	inspect	검사하다
420	hunt	사냥하다	445	instead	(- of) ~의 대신에
421	hurry	서두르다	446	insurance	보험
422	I	나(는)	447	intelligence	지성, 지능
423	identify	(신원 등을) 확인하다	448	interesting	재미있는, 흥미 있는
424	if	만일 ~라면	449	international	국제(상)의, 국제(간)의
425	imagine	상상하다	450	into	속에, 속으로

No.	English	Korean	No.	English	Korean
451	introduce	소개하다	476	know	알다, 알고 있다
452	invade	침입하다, 쳐들어가다	477	labor	노동, 근로
453	invent	발명하다, 창안하다	478	laboratory	실험실
454	invest	투자하다	479	lack	부족, 결핍
455	investigate	조사하다	480	lady	숙녀, 귀부인
456	involve	포함하다	481	lake	호수
457	issue	쟁점, 발표하다	482	lamp	램프, 등불
458	it	그것	483	language	언어
459	item	항목, 조목	484	later	나중에, 더 늦게
460	jail	교도소, 구치소	485	law	법, 규칙
461	jeans	청바지	486	lay	놓다
462	jewel	보석	487	leader	지도자, 주장
463	join	참가하다, 가입하다	488	leaf	나뭇잎
464	joint	공동의, 관절	489	leak	새는 곳[구멍]
465	joy	기쁨	490	least	최소(의), (at the -) 적어도
466	judge	재판관, 판사	491	leg	다리
467	just	단지, 방금	492	legal	법률(상)의, 합법적인
468	key	열쇠	493	lend	빌려주다
469	kick	차다	494	length	길이, 기장
470	kill	죽이다	495	lesson	학과, 수업
471	king	왕, 국왕	496	library	도서관
472	kitchen	부엌, 주방	497	lie	거짓말, 눕다
473	knee	무릎	498	lift	들어올리다
474	knife	칼	499	limit	한계, 한도
475	knock	노크하다	500	lip	입술

No.	English	Korean	No.	English	Korean
501	liquid	액체, 유동체	526	mayor	(시의) 시장
502	loan	대출금	527	me	나를, 나에게
503	local	지방의, 지방적인	528	meal	식사
504	locate	~에 설치하다	529	measure	측정하다
505	lock	자물쇠, 잠그다	530	medal	메달, 상패
506	loose	헐렁한, 풀린	531	media	대중매체
507	lot	많음, 다량	532	medicine	약, 의학
508	lovely	아름다운, 사랑스러운	533	meet	만나다, 마주치다
509	lucky	행운의, 운이 좋은	534	mental	마음의, 정신의
510	lunch	점심	535	mercy	자비
511	machine	기계, 기구	536	message	전언, 소식
512	mad	미친, 화난	537	metal	금속
513	magazine	잡지	538	meter	계량기
514	magic	마법	539	middle	중앙(의), 중간(의)
515	major	대부분의, 주요한	540	might	~일 수도 있다 (may의 과거)
516	male	남성(의), 수컷(의)	541	military	군인
517	man	사람, 남자	542	milk	젖, 우유
518	manufacture	제조하다	543	million	백만, 다수
519	marathon	마라톤	544	mind	마음, 정신
520	mask	가면	545	minor	작은, 단조의
521	master	주인, ~을 완전히 익히다	546	minute	(시간, 각도의) 분
522	match	상대, 적수, 어울리다	547	mix	섞다, 혼합하다
523	material	물질	548	model	모형, 원형
524	may	일지도 모른다, 해도 좋다	549	moderate	온건한, 온화한
525	maybe	아마	550	modern	현대의, 근대적인

No.	English	Korean	No.	English	Korean
551	moment	순간, 때	576	nervous	불안해 하는, 신경이 과민한
552	monkey	원숭이	577	neutral	중립적인
553	moon	달	578	never	결코[일찍이, 조금도] ~않다
554	moral	도덕(상)의, 윤리적인	579	news	뉴스, (새로운 사건의) 보도
555	more	더 많은, 더 큰	580	next	다음의
556	morning	아침, 오전	581	nice	좋은
557	motion	움직임, 동작	582	no	조금의 ~도 없는, (부정의 대답) 아니요
558	mouth	입	583	noon	정오
559	movie	영화	584	normal	보통의
560	muscle	근육	585	nose	코
561	museum	박물관, 미술관	586	not	~이 아니다
562	musical	음악의, 음악적인	587	note	메모
563	musician	음악가, 작곡가	588	now	지금, 오늘날
564	my	나의	589	nowhere	어디에도, 아무데도
565	mystery	신비, 불가사의	590	nurse	간호사
566	nail	손톱, 발톱	591	obey	복종하다, 순종하다
567	narrow	좁은	592	object	물건, 반대하다
568	nation	국가, 국민	593	observe	관찰하다
569	nature	자연, 본성	594	occupy	점령하다, 사용하다
570	near	가까이, 근접하여	595	occur	일어나다, 나타나다
571	necessary	필요한	596	of	~의
572	neighbor	이웃사람	597	offer	제공하다
573	neither	(둘 중) 어느 것도 아니다	598	officer	관리, 공무원
574	nephew	남자 조카	599	oil	기름
575	nerve	신경	600	on	~ 위에

No.	English	Korean	No.	English	Korean
601	only	유일한, 단 하나	626	perfect	완전한
602	operate	작동하다	627	perform	실행하다
603	opportunity	기회	628	perhaps	아마, 혹시
604	opposite	반대의	629	period	기간, 시대
605	orange	오렌지	630	permanent	영구한, 불변의
606	organize	정리하다, 조직하다	631	permit	허락하다, 가능하게 하다
607	other	다른	632	pet	애완동물
608	our	우리의	633	phone	전화(를 걸다)
609	out	～의 밖으로	634	physical	물질의, 육체의
610	outside	바깥쪽, 외관	635	picnic	소풍, 피크닉
611	owe	빚지고 있다	636	picture	그림, 사진
612	pain	아픔, 고통	637	pig	돼지
613	pair	한 쌍	638	pilot	조종사
614	palace	궁전	639	plain	명백한, 소박한
615	parcel	소포, 꾸러미	640	plane	비행기
616	parent	어버이	641	plastic	플라스틱
617	park	공원	642	plate	접시
618	passenger	승객	643	pleasure	즐거움
619	past	과거	644	plenty	풍부한 (양), 많음
620	path	길, 통로	645	pocket	주머니
621	patient	인내력이 강함, 환자	646	poison	독
622	pattern	모범, 본보기	647	police	경찰, 경찰관
623	peace	평화	648	policy	정책
624	pencil	연필	649	pollute	오염시키다
625	percent	퍼센트, 백분(율)	650	pollution	오염, 공해

No.	English	Korean	No.	English	Korean
651	pool	수영장	676	product	생산품
652	popular	인기 있는	677	professor	교수
653	pork	돼지고기	678	profit	이익
654	port	항구	679	progress	진전, 진행하다
655	position	위치	680	project	프로젝트
656	possess	소유하다	681	property	재산, 소유물
657	postpone	연기하다	682	protect	보호하다, 지키다
658	potato	감자	683	proud	자랑으로 생각하는
659	pound	(영국의 화폐 단위) 파운드	684	prove	입증하다
660	pour	퍼붓다	685	provide	제공하다
661	powder	가루	686	public	공공의
662	power	힘, 능력	687	publish	출판하다
663	practice	실행, 연습	688	punish	벌하다, 응징하다
664	praise	칭찬하다	689	purchase	구매하다
665	pray	간원하다, 빌다	690	pure	순수한
666	pregnant	임신한	691	purpose	목적, 의도
667	prepare	준비하다	692	put	놓다, 넣다
668	president	대통령, 총재	693	quality	질, 우수함
669	press	신문, 언론	694	quarter	4분의 1
670	prevent	막다, 예방하다	695	quiet	조용한, 평정한
671	print	인쇄하다	696	quit	그만두다, 멈추다
672	prison	감옥	697	quite	꽤, 아주
673	private	개인적인	698	race	경주
674	prize	상	699	raise	올리다, 들(어올리)다
675	process	진행, 경과	700	range	범위

No.	English	Korean	No.	English	Korean
701	rare	드문, 진기한	726	rescue	구조하다
702	rate	비율, 요금	727	research	연구하다
703	rather	오히려, 차라리	728	resign	사임하다
704	read	읽다	729	resource	자원
705	real	실재하는	730	responsible	책임감 있는
706	really	정말로	731	restaurant	식당
707	recognize	인식하다	732	result	결과, 성과
708	record	기록(하다)	733	retire	은퇴하다
709	recover	회복하다	734	rich	부유한, 돈 많은
710	red	빨간, 붉은	735	ring	반지, 울리다
711	reduce	줄이다, 감소시키다	736	rise	떠오르다
712	refuse	거절하다	737	risk	위험
713	regret	후회하다	738	role	역할, 임무
714	regular	규칙적인	739	roll	구르다
715	reject	거절하다, 각하하다	740	root	뿌리
716	relation	관계, 관련	741	rope	밧줄
717	relax	휴식을 취하다, 힘을 빼다	742	rough	거친
718	release	풀어 주다	743	row	열, 줄
719	remain	남다	744	rub	비비다, 마찰하다
720	remove	치우다, 없애다	745	run	뛰다
721	repair	수선하다	746	sad	슬퍼하는
722	reply	대답(하다)	747	safety	안전
723	represent	대표하다	748	sail	항해하다
724	request	요청, 요구(하다)	749	sale	판매
725	require	필요하다, 요구하다	750	sand	모래

No.	English	Korean	No.	English	Korean
751	satisfy	만족시키다	776	shame	부끄러움, 수치
752	scale	저울, 규모, 눈금	777	shape	모양
753	scare	겁먹게 하다	778	share	공유하다, 몫
754	scientist	과학자	779	sharp	날카로운
755	score	점수	780	she	그녀
756	script	대본, 손으로 쓴 것	781	sheet	시트, 한 장
757	sea	바다	782	shelf	선반
758	search	찾다	783	shell	껍질, 껍데기
759	second	두 번째의	784	shine	빛나다
760	secret	비밀	785	shirt	셔츠
761	section	부분	786	shock	충격(을 주다)
762	security	보안, 안전	787	shop	가게
763	seed	씨	788	shoulder	어깨
764	seek	찾다, 구하다	789	shut	닫(히)다
765	seldom	좀처럼 ~않다	790	sign	기호, 암호
766	self	자기, 자신	791	signal	신호
767	send	보내다	792	silence	고요, 정적
768	sense	감각	793	silk	비단
769	separate	분리하다, 갈라지다	794	silver	은
770	series	일련, 연속	795	since	~ 이후에
771	service	봉사	796	sing	노래하다
772	settle	정착하다	797	sister	자매, 누나[언니], 여동생
773	severe	극심한, 심각한	798	sit	앉다
774	shade	그늘, 색조	799	situation	위치, 장소
775	shake	흔들다	800	skate	스케이트 (타다)

No.	English	Korean	No.	English	Korean
801	skirt	치마	826	soul	영혼, 정신
802	sky	하늘	827	sour	시큼한, 신
803	slave	노예	828	speech	연설
804	sleepy	졸린	829	spirit	정신, 영혼
805	slide	미끄러지다	830	spread	펼치다, 퍼지다
806	slip	미끄러지다	831	spy	스파이
807	small	작은, 어린	832	square	정사각형, 광장
808	smart	똑똑한	833	stage	무대
809	smash	박살내다, 분쇄(하다)	834	stairs	계단
810	smile	미소 짓다	835	stamp	우표, 도장
811	smooth	매끈한, 순조로운	836	star	별
812	snack	간식	837	starve	굶주리다
813	snake	뱀	838	status	등급, 신분
814	sneeze	재채기(하다)	839	steak	스테이크
815	snow	눈	840	steal	훔치다
816	soap	비누	841	stick	막대기, 찌르다
817	soccer	축구	842	stomach	위
818	social	사회의	843	stone	돌
819	society	사회, 세상	844	stop	멈추다, 그만두다
820	soil	더럽히다, 흙	845	storm	폭풍우
821	soldier	군인	846	stove	난로
822	solid	고체의	847	stream	시내, 흐름
823	sometimes	때때로	848	stretch	뻗치다, 잡아당기다, 늘이다
824	son	아들	849	structure	구조, 건축물
825	soon	곧, 이윽고	850	struggle	고투하다, 힘겹게 나아가다

230

No.	English	Korean	No.	English	Korean
851	student	학생	876	task	직무, 작업
852	subject	주제	877	tax	세금
853	substitute	대리인, 대신하다	878	tea	차 (보통 홍차를 가리킴)
854	subway	지하철	879	team	팀
855	suddenly	갑자기	880	tear	눈물
856	sugar	설탕	881	telephone	전화기
857	suit	정장, 어울리다	882	television	텔레비전
858	summer	여름	883	tell	말하다, 이야기하다
859	sun	태양	884	temperature	온도, 체온
860	supervise	감독하다	885	tennis	테니스
861	supply	공급하다	886	term	기한, 기간
862	support	지탱하다, 지지[유지]하다	887	terrible	무서운, 극히 서투른
863	suppose	가정하다, 상상하다	888	test	테스트, 시험
864	surface	표면(의), 외관(의)	889	textbook	교과서
865	surround	둘러싸다	890	thank	감사하다
866	survive	살아남다, 생존하다	891	that	저것, 그것
867	swear	맹세하다, 선서하다	892	the	이미 언급된 명사 앞에 쓰는 관사
868	swim	수영하다	893	theater	극장
869	symbol	상징	894	them	그들
870	system	조직, 체계	895	then	그때, 그 당시
871	table	탁자	896	theory	학설, 이론
872	tail	꼬리	897	these	이것들
873	talk	말[이야기]하다	898	they	그들은
874	tall	키 큰	899	thick	두꺼운
875	target	과녁, 목표	900	thin	얇은, 가는

No.	English	Korean	No.	English	Korean
901	thing	물건, 사물	926	toy	장난감
902	thirsty	목마른	927	track	선로, 길, 지나간 자국, 흔적
903	this	이것	928	trade	교환하다, 거래(하다)
904	those	저것들	929	tradition	전설, 전통
905	threaten	위협하다	930	train	기차, 훈련하다
906	throat	목, 기관	931	transport	수송(하다)
907	ticket	표, 승차[입장]권	932	treasure	보배, 보물
908	tiger	호랑이	933	treat	다루다, 대접, 한턱
909	tight	단단한, 단단히 맨	934	trick	계략, 계교
910	till	~까지	935	trip	여행, 소풍
911	tiny	아주 작은	936	trouble	걱정(거리), 고생
912	tire	바퀴	937	trust	신뢰(하다)
913	tired	피곤한, 지친	938	ugly	추한, 못생긴
914	title	표제, 제목	939	umbrella	우산
915	to	~을 위한, ~에	940	uncle	아저씨, 삼촌
916	today	오늘, 현재	941	uniform	제복, 교복
917	toe	발가락, 발끝	942	unit	한 개, (구성) 단위
918	tool	도구, 공구	943	universe	우주
919	tooth	이, 치아	944	unless	만약 ~이 아니면
920	top	정상, 위 끝	945	upon	~ 위에
921	total	전체(의), 합계(의)	946	us	우리를[에게]
922	touch	대다, 만지다	947	useful	유용한, 편리한
923	tourist	관광객	948	usually	대개, 보통
924	towel	수건	949	vacation	휴가
925	tower	탑	950	valley	골짜기, 계곡

No.	English	Korean	No.	English	Korean
951	value	가치, 유용성	976	weight	무게, 중량
952	vary	바꾸다, 수정하다	977	wheel	수레(바퀴)
953	vehicle	차량, 탈것	978	whether	~인지 아닌지
954	version	번역, ~판	979	white	흰, 백색의
955	victim	희생자	980	wife	부인
956	victory	승리	981	wild	야생의, (토지가) 황폐한
957	view	견해, 경치	982	wine	포도주
958	village	마을	983	winter	겨울
959	violence	폭력	984	wish	바라다, 빌다
960	volleyball	배구	985	withdraw	(돈을) 인출하다
961	volume	권, 용량	986	woman	여자
962	vote	투표(하다)	987	wonder	궁금해하다, 놀라움
963	wake	(잠에서) 깨다, 일어나다	988	wonderful	놀라운
964	war	전쟁	989	wool	모직의
965	warn	경고하다	990	word	말, 단어
966	waste	낭비하다	991	worse	더 나빠진
967	water	물	992	worth	가치 있는
968	wave	파도, 파장	993	wound	상처, 부상
969	way	길, 방법	994	yard	마당
970	we	우리(는)	995	year	년, 해
971	wealth	부, 재산	996	yes	네, 그렇습니다
972	weapon	무기, 병기	997	yesterday	어제
973	weather	날씨	998	yet	아직, 그러나
974	week	주	999	you	너[당신](는), 너를[에게]
975	weekend	주말	1000	young	어린, 젊은

＊ 다음 단어의 뜻을 익히고, 반복하여 따라 해 보세요.

▶ W61

No.	AAA형	Korean
1	cost - cost - cost	비용이 들다
2	cut - cut - cut	베다, 자르다
3	fit - fit - fit	맞다, 적합하다
4	hit - hit - hit	치다, 부딪치다
5	hurt - hurt - hurt	다치게 하다, 아프다
6	let - let - let	시키다, ~하게 하다
7	put - put - put	놓다, 넣다
8	read - read - read	읽다
9	set - set - set	놓다
10	shut - shut - shut	닫(히)다
11	split - split - split	분열되다, 쪼개다
12	spread - spread - spread	펼치다, 퍼지다

No.	ABA형	Korean
13	come - came - come	오다
14	become - became - become	되다
15	run - ran - run	달리다

▶ W62

No.	ABB형	Korean
16	bring - brought - brought	가져오다, 데려오다
17	buy - bought - bought	사다
18	fight - fought - fought	싸우다
19	think - thought - thought	생각하다
20	catch - caught - caught	잡다
21	teach - taught - taught	가르치다
22	hang - hung - hung	매달다
23	sell - sold - sold	팔다
24	tell - told - told	말하다
25	feed - fed - fed	먹이를 주다
26	speed - sped - sped	빨리 가다, 가속화하다

No.		Korean
27	lead - led - led	이끌다
28	meet - met - met	만나다
29	keep - kept - kept	지키다
30	sleep - slept - slept	자다
31	feel - felt - felt	느끼다
32	build - built - built	짓다
33	pay - paid - paid	지불하다
34	say - said - said	말하다
35	send - sent - sent	보내다
36	spend - spent - spent	(시간을) 보내다, (돈을) 쓰다
37	lend - lent - lent	빌려주다
38	bend - bent - bent	구부리다
39	find - found - found	찾다
40	hear - heard - heard	듣다
41	hold - held -held	잡다
42	mean - meant - meant	의미하다
43	leave - left - left	떠나다
44	lose - lost - lost	잃어버리다
45	sit - sat - sat	앉다
46	make - made - made	만들다
47	get - got - got	받다, 얻다
48	win - won - won	이기다
49	have - had - had	가지다
50	deal - dealt - dealt	거래하다
51	stand - stood - stood	서다
52	spill - spilt - spilt	엎지르다

▶ W63

No.	ABC형	Korean
53	begin - began - begun	시작하다
54	drink - drank - drunk	마시다
55	swim - swam - swum	헤엄치다
56	sing - sang - sung	노래 부르다

No.	ABC형	Korean
57	bear - bore - born	낳다
58	tear - tore - torn	찢다
59	wear - wore - worn	입다
60	drive - drove - driven	운전하다
61	know - knew - known	알다
62	throw - threw - thrown	던지다
63	fly - flew - flown	날다
64	draw - drew - drawn	그리다, 끌다
65	show - showed - shown	보여 주다
66	fall - fell - fallen	떨어지다
67	eat - ate - eaten	먹다
68	see - saw - seen	보다
69	forget - forgot - forgotten	잊다
70	give - gave - given	주다
71	go - went - gone	가다
72	do - did - done	하다
73	ride - rode - ridden	타다
74	be[is, am, are] - was[were] - been	～이다, 있다
75	rise - rose - risen	오르다, 일어나다
76	write - wrote - written	쓰다
77	bite - bit - bitten	씹다
78	hide - hid - hid/hidden	숨기다
79	take - took - taken	갖다
80	wake - woke - woken	깨(우)다
81	break - broke - broken	깨뜨리다
82	speak - spoke - spoken	말하다
83	steal - stole - stolen	훔치다
84	choose - chose - chosen	선택하다
85	freeze - froze - frozen	얼다
86	grow - grew - grown	자라다
87	blow - blew - blown	불다